글로벌 비즈니스 어학역량 평가 시험

G-TELP
Business Writing Test

영어 쓰기 공인점수 취득과
글로벌 비즈니스 어학능력 향상을 동시에!
공식 수험서

General Tests of English Language Proficiency

G-TELP 영어연구소

G-TELP 영어연구소는 국내외 영어 콘텐츠 전문 연구진들로 이루어진 조직으로서, G-TELP 시험들을 전문적으로 분석 및 연구해오고 있습니다. 다년간 쌓아온 디지털 데이터베이스와 정확한 데이터를 분석하는 툴을 기반으로 G-TELP의 모든 시험을 대비할 수 있는 수험서, 일반 영어, 비즈니스 영어, 전문 영어 등 다양한 분야의 영어학습서를 기획, 집필, 편집, 출간하고 있습니다.

글로벌 비즈니스 어학역량 평가 시험
G-TELP Business Writing Test 공식 수험서

저자	G-TELP 영어연구소
발행인	김현중
발행일	2020년 1월 2일(초판)
출판사	G-TELP KOREA 출판사업본부
ISBN	978-89-91164-38-3 (13740)
정가	18,000원
전화	1588-0589
팩스	02-454-2137
주소	서울특별시 송파구 송파대로 32길 4-7

이 책의 내용과 포맷은 저작권법에 따라 보호받고 있으므로 무단복제와 무단전재를 금합니다.

머리말
P R E F A C E

지금 대한민국은 전세계에 200여 국과 무역을 하는 무역 대국이며, 대기업들은 해외생산기지를 두고 현지에서 생산하고 판매하고 유통을 시키는 초국적 기업 시대라고 볼 수 있습니다. 따라서 외국 회사와 거래 하는 것이 일상화 되고, 영미권 국가 뿐만 아니라 비영미권 국가와 거래 할 때에도 영어를 사용하는 경우가 많습니다. 해외비즈니스 업무처리를 정확하고 신속하게 하기 위해 이메일, 견적서, 계산서 등을 영어로 쓰는 능력은 필요하며, 특히 자주 만나기 어려우므로 이메일을 통한 의사 소통의 중요성은 상당히 큽니다.

GBWT(G-TELP Business Writing Test)는 비즈니스 이메일(상품 서비스 문의, 불만/문의 사항에 답변 등) 발송, 견적서, 발주서, 계산서 작성 등 해외 업무에 필요한 비즈니스 실무 영어 쓰기능력을 평가하는 문항으로 구성되어 있습니다. 이 책은 수험자들이 효과적으로 시험 준비를 하면서, 동시에 비즈니스 영어 실력 향상을 할 수 있도록 "영어 작문을 위한 핵심 문법", "비즈니스 이메일 단락별 작성법", "다양한 비즈니스 상황별 실용표현", "파트별 공략법" "정확한 의미전달을 위한 구두법" 등으로 알차게 만들었습니다.

영어 쓰기 공인점수 취득과 더불어 글로벌 비즈니스 어학능력 향상으로 세계속의 인재로 거듭나길 희망합니다.

G-TELP 영어연구소

CONTENTS

교재 구성 및 특징   6
시험개요   8
학습플랜   13

Chapter 1   라이팅을 위한 기본 문법   **14**

1-1	동명사	16
1-2	부정사	21
1-3	부사절 접속사	28
1-4	명사절 접속사	33
1-5	형용사절 접속사	38
1-6	주격 관계대명사에서 '분사수식'	45

Chapter 2   비즈니스 이메일 작성법   **50**

2-1	비즈니스 라이팅(이메일)의 형식	52
2-2	첫번째 단락(도입부) 작성요령	56
2-3	두번째 단락(내용부분) 작성요령	59
2-4	세번째 단락(마무리) 작성 요령	61

Chapter 3   비즈니스 이메일 상황별 실용표현   **64**

3-1	정보제공 요청	66
3-2	문의에 대한 답변	74
3-3	흥미 표현	82
3-4	제품, 서비스 등의 홍보	90
3-5	사과 및 오해 해소	98
3-6	재촉할 때	107
3-7	의견 전달	111
3-8	비용 청구	119

G-TELP Business Writing Test

Chapter 4	GBWT 파트별 실전	128
4-1	*PART 1.* Making a Service Inquiry	130
4-2	*PART 2.* Sending a Quotation / Letter	165
4-3	*PART 3.* Replying to a Complaint / Inquiry	201
4-4	*PART 4.* Sending a Statement of Account	237
4-5	*PART 5.* Suggesting a Course of Action	261

Chapter 5	구두법	286
5-1	쉼표(comma)	288
5-2	세미콜론(semicolons)	290
5-3	콜론(colons)	291
5-4	아포스트로피(apostrophe)	292
5-5	따옴표(quotation marks)	293
5-6	괄호(parentheses)	295
5-7	하이픈(hyphens)	296

Chapter 6	기타 비즈니스 라이팅 샘플	298
6-1	공지	300
6-2	광고	306
6-3	안내, 정보문	312

실전모의고사	318

교재 구성 및 특징

"기본 문법부터 전략적 시험대비까지"

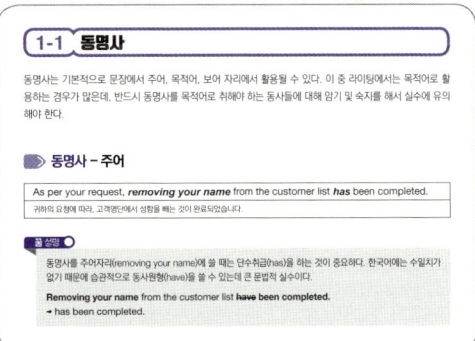

Chapter 1
영어 작문을 위해 선별된 기본 문법
→ "동명사, 부정사, 접속사, 분사수식"

Chapter 2
비즈니스 이메일의 기본 형식 및 단락별 작성요령 제시
→ 세 단락 구분 "도입, 내용부분, 마무리"

Chapter 3
다양한 비즈니스 상황별 이메일 내용분석
→ 패턴화 된 표현 + 단어 학습

G-TELP Business Writing Test

실전모의고사
출제기관이 선별한 모의고사로
실전완벽 대비

DIRECTIONS

The G-TELP Business Writing Test is a test of your writing ability. There are five (5) different parts to the test. You will have 60 minutes to complete the test.

The G-TELP Business Writing Test consists of the following parts:

Part 1. Making a Service Inquiry
Part 2. Sending a Quotation / Letter
Part 3. Replying to a Complaint / Inquiry
Part 4. Sending a Statement of Account
Part 5. Suggesting a Course of Action

Chapter 6
편지 형태의 비즈니스 라이팅 뿐만 아니라
공지, 광고, 안내문 등의
기타 다른 라이팅의 예시를 통해
영어 작문에 이해를 넓히기

6-1 공지 (Notice)

일상 생활에서 가장 많이 접할 수 있는 글 중에 하나가 '공지(notice)' 이다. 일반적으로 회사, 거주지, 공용공간 등에서 볼 수 있다. 공지의 몇 가지 사례를 통해 내용과 구조 등을 배워보도록 하자.

▶ 은퇴행사에 대한 감사와 새로운 직원의 환영부탁 공지

I appreciate your efforts to make last week's retirement party for Ms. Roberts. Because Ms. Roberts has contributed to East Rock Mechanics (ERM) for 25 years, the company wanted to present a last memorable moment to her. She just mentioned that the evening was enjoyable, and the parting gift was so surprising. I would like to thank particularly Mr. Chiu and Ms. Medina for their devotion to the event over almost a month.

As of next Monday, October 13, Mr. Clint will replace Ms. Roberts as operations manager. As you already know, Mr. Clint will deal with equipment which is potentially damaged if it is not managed with caution. Due to this, Mr. Clint will transfer to Ms. Roberts' previous workplace.

Chapter 5
더욱더 정확하고 탄탄한 라이팅 실력 다지기
→ 중요한 의미 변화도 가능한 구두법 학습

5-1 쉼표 (Comma)

쉼표는 보통 영어 문장 안에서 나열된 단어들을 분리하거나 덩어리말(구나 절)을 구분하는데 활용된다. 구체적인 쉼표의 사용들은 아래에 예문들을 통해 알아보도록 하자.

USE 1 세 개 이상의 단어나 덩어리말을 구분하기 위해 사용한다.

The cost includes **accommodation, transit, and breakfast**.
그 비용은 숙박, 교통, 그리고 아침식사를 포함합니다.

USE 2 전치사구나 부사절이 문장의 맨 앞에 올 때, 주절 앞에 사용한다.

On 25 March, your subscription to *World Movie Magazine* will expire.
3월 25일에, World Movie Magazine에 대한 귀하의 정기구독이 만료됩니다.

When you arrange a meeting, send agendas to each participant in advance.
미팅을 준비할 때, 미리 각각의 참여자에게 안건들을 보내세요.

Chapter 4
GBWT 전략적 대비
→ 각 파트에 대한 구성, 전략, 실전문제 다루기

PART 1. Making a Service Inquiry

Part 1에서는 글쓴이가 고객(client)가 되어 업체에 서비스에 대한 질문(inquiry)를 하는 작문이다. 지침(direction)이 전달되고, 구체적인 질문사항에 대한 내용을 추가적으로 3가지 정도 주어진다. 글쓴이는 이 부분을 언급하는 작문을 해야 한다. 6분의 시간이 주어지고 80이상의 단어들로 구성된 작문이 요구된다.

▶ 전략 (Strategy)

1 지시문의 핵심을 잘 파악하여 상황에 맞는 글을 써야 한다.

Directions: Suppose that you are planning to give away **personal notebooks to your employees**. You want **the notebooks to be customized, with your company logo printed on the cover**. You have contacted several printers, and one of them, Mr. Peter Alexander of Wise Prints, has **sent you an e-mail asking about your specific requirements**. Now, write a letter that consists of at least 80 words in reply to his inquiry. You will have six (6) minutes to complete this task.

시험 개요

출제기관 소개

㈜한국지텔프는 신뢰성, 타당성, 실용성을 갖춘 종합적인 영어평가라는 모토 아래 ITSC's G-TELP Services의 글로벌 파트너로서 1985년부터 G-TELP 시험을 주관하는 어학평가, 교육, 출판 전문 기업입니다. ㈜한국지텔프는 업무 협약을 통해 한국 내 G-TELP 시험의 시행, 마케팅, 홍보, 출판, 교육에 대한 운영을 담당하고 있습니다.

㈜한국지텔프는 지난 30여 년 동안 영어학습자의 영어능력을 보다 정확하고 세밀하게 분석할 수 있는 평가 도구 개발에 끊임없이 노력해 왔습니다. 2006년부터 2019년 1월까지 12년 동안 국가자격시험인 항공영어구술증명시험(EPTA)을 시행하였으며, 평가영역별, 레벨별, 목적별, 연령별 등으로 구분된 아래의 다양한 시험을 정기적으로 시행하고 있습니다.

- 문법과 듣기, 읽기 능력을 평가하는 5단계의 **G-TELP Level Test**
- 실생활과 관련된 영어 말하기/쓰기 능력을 평가하는 **G-TELP Speaking Test, G-TELP Writing Test**
- 비즈니스 말하기/쓰기 수행능력 평가인 **G-TELP Business Speaking Test, G-TELP Business Writing Test**
- 영어 초급자 및 초등학생과 중학생의 영어 능력을 평가하는 **G-TELP Junior**

주니어부터 성인까지 영어를 종합적으로 평가할 수 있는 완성된 평가 교육 시스템을 갖추고, 전문 분야별 영어 활용 능력 평가 도구 개발에 쏟아온 투자와 열정이 신뢰성과 타당성, 실용성을 갖춘 종합적인 평가 시스템 구축을 위한 밑거름이 되었으리라 믿으며, 단순히 우열을 가르는 평가가 아닌 학습자에게 개인의 능력을 분석 진단하여 학습 동기를 제공하고, 학습 과정 으로써의 진정한 평가가 될 수 있도록 최선의 노력을 다할 것입니다.

GBWT 소개

G-TELP는 1985년 ITSC 주관으로 개발완료 검증된 이래 세계 여러 나라 정부 기관과 기업에서 영어 활용 능력 평가도구로 활용되고 있는 국제 공인 시험입니다. 이 중 비즈니스 영어시험인 G-TELP Business Test 는 GBST(G-TELP Business Speaking)과 GBWT(G-TELP Business Writing)로 구성되어 있습니다. GBWT(G-TELP Business Writing)는 비즈니스에 필요한 영어 쓰기능력을 평가하며, 실생활 문제 위주의 일반 영어 테스트와는 달리 실제 비즈니스 상황과 동일한 문제로 구성되어 있어 비즈니스 영어 쓰기 평가에 최적화되어 있습니다. 즉, 이메일 발송, 견적서, 발주서, 계산서 작성 등 해외 업무에 필요한 비즈니스 실무 영어 쓰기 능력을 평가합니다.

- **시험방식** : IBT, CBT 중 시행계획에 따라 선택
- **시험시간** : 약 70분 (오리엔테이션 포함)
- **채점기간** : 약 10일
- **평가등급** : Level 1(Authentic) ~ Level 11(No Mastery)
- **평가기준**

Style (스타일)	전체적인 관점에서의 수험자 작문에 대한 평가입니다. 각 파트의 주제 및 질문사항에 적합한 작문을 했는지, 작문은 일관성 있고 설득력 있게 작성되었는지 평가합니다.
Grammar (문법)	정확한 문법과 문장 패턴, 구두법의 사용을 평가합니다.
Vocabulary (어휘)	적절한 단어와 용어의 선택 및 사용, 맞춤법을 평가합니다.
Organization (구성)	적절한 작문의 줄거리 구성 및 전개, 결론에 이르는 구조적 과정을 평가합니다.
Substance (내용)	작문의 구체적인 내용, 즉 작문하고자 하는 주제를 뒷받침 할 수 있는 내용전개를 평가합니다.

- **전체문항:** 5개 파트로 구성

	시험구성		응답 시간	최소 글자수
Task 1	Making a Service Inquiry	상품 서비스 등에 대한 문의 편지 쓰기	6분	80
Task 2	Sending a Quotation / Letter	견적, 편지 발송하기	12분	100
Task 3	Replying to a Complaint / Inquiry	불만, 문의 사항에 답변하기	12분	100
Task 4	Sending a Statement of Account	계산서 발송하기	14분	120
Task 5	Suggesting a Course of Action	그래프 분석 후 대처방안 제안하기	16분	140

📍 점수별 능력평가표

Proficiency Level		Level Description
Level 1	Authentic	이 등급의 수험자는 친숙한 상황 뿐만 아니라 익숙하지 않는 모든 상황에서도 자신의 의견을 잘 표현할 수 있습니다. 광범위하며 적절한 단어 사용을 하며 정확한 부연설명 및 적절한 관용어를 표현합니다. 일관성 있고 정확한 문법구조, 문장패턴, 단어 배열을 보여줍니다. 아이디어들은 논리적이며 순차적으로 잘 정리가 되어 전달하는 메시지들이 설득력을 얻습니다.
Level 2	High-Advanced	이 등급의 수험자는 거의 모든 상황에서 자신의 의견을 효율적으로 표현할 수 있습니다. 드물게 보이는 오류가 있지만 문법적인 구조와 문장은 그 의미를 이해하는데 거의 문제가 되지 않습니다. 광범위하며 적절한 단어 사용을 하며, 일관되고 효율적으로 부연설명을 할 수 있습니다. 아이디어들은 논리적으로 배치되어 있습니다. 이 등급의 수험자의 작문은 대체로 일관적이며 설득력이 있습니다.
Level 3	Advanced	이 등급의 수험자는 거의 모든 상황에서 자신의 의견을 효율적으로 표현할 수 있습니다. 수험자의 작문은 대부분 상황에 적합합니다. 의미전달에 영향을 거의 끼치지 않는 문법적 오류와 문장패턴은 가끔 나타나지만 대체로 수험자의 작문은 잘 이해될 수 있습니다. 대체로 적절한 단어선택을 하며, 적절한 단어를 사용 못할 경우 다른 식으로 풀어서 설명할 수 있습니다. 수험자의 작문은 대체로 조리 있고, 어느 정도 설득적입니다.
Level 4	High-Intermediate	이 등급의 수험자는 대부분의 상황에서 자신의 의견을 표출할 수 있습니다. 수험자의 작문은 대체로 상황에 적합합니다. 의미전달에 가끔 영향을 끼치는 문법적 오류와 문장패턴은 종종 나타나지만 대체로 잘 이해될 수 있습니다. 대체로 적절한 단어선택을 하며, 적절한 단어를 사용 못할 때에는 종종 다른 식으로 풀어서 설명할 수도 있습니다. 아이디어를 논리적으로 풀어나가려는 흔적이 보이며, 대체적으로 잘 구성되어 있습니다. 수험자의 작문은 대체로 조리 있으나, 설득력이 그리 크지는 않습니다.
Level 5	Intermediate	이 등급의 수험자는 일반적으로 친숙한 주제에서는 자신의 의견을 잘 표출하나, 익숙하지 않은 주제에서의 작문에는 가끔 어려움을 겪습니다. 작문은 종종 주제와 적합하지 않거나 구체적이지 않습니다. 의미전달에 영향을 끼치는 문법적 오류와 문장패턴은 가끔 나타나지만 대체적으로 이해될 수 있습니다. 대체적으로 적절한 단어 선택을 하지만 종종 효과적인 부연설명에는 어려움을 겪습니다. 아이디어들이 어느 정도 논리적으로 배치되어 아이디어를 논리적으로 풀어나가려는 흔적이 보이며, 대체적으로 잘 구성되어 있습니다. 수험자의 작문은 대체로 조리 있으나, 설득력이 그리 크지는 않습니다.
Level 6	Low-Intermediate	이 등급의 수험자는 일반적으로 친숙한 주제에서는 자신의 의견을 잘 표출하나, 익숙하지 않은 상황에서는 이따금 효율적으로 표현해 내지 못합니다. 또한 상세한 설명이 부족하거나 부적절한 내용이 보여집니다. 대체로 의미전달에 영향을 끼치는 문법적 구조와 문장패턴들이 대체로 나타나며, 적합하지 않은 단어선택 및 내용 전달에 불충분한 부연설명들이 표현됩니다. 거의 논리적이지 못하고 전개하고자 하는 내용들이 명확히 표현되지 않으며 조리 있지 않습니다.

G-TELP Business Writing Test

Proficiency Level		Level Description
Level 7	High-Basic	이 등급의 수험자는 대체로 친숙한 주제에서 자신의 의견을 잘 표출하는데 어려움을 보이며, 익숙하지 않은 상황에서의 효율적 작문은 대개 불가능합니다. 또한 대체적으로 상세한 설명이 부족하거나 부적절한 내용이 보여집니다. 의미전달에 영향을 끼치는 문법적 구조와 문장패턴들이 자주 나타납니다. 적합하지 않은 단어선택을 하며 효과적인 부연설명이 대체로 힘듭니다. 거의 논리적인 전개를 못하고 구성력이 부족하며 전개하고자 하는 내용들이 거의 항상 명확하지 않으며, 조리 있지 않습니다.
Level 8	Basic	이 등급의 수험자는 보통 친숙한 주제에서 자신의 의견을 잘 표출하는데 어려움을 보이며, 익숙하지 않은 상황에서의 효율적 작문은 대개 불가능합니다. 또한 상세한 설명이 부족하거나 부적절한 내용이 흔히 보여집니다. 의미전달에 영향을 끼치는 문법적 오류와 문장패턴의 실수들이 거의 언제나 보여집니다. 부적절하며 의미전달에 혼란을 주는 단어 선택이 보통 보여지며, 부연설명을 하기가 힘듭니다. 질서 없는 아이디어들의 나열로 글이 정돈되어 있지 않습니다. 수험자의 작문은 거의 항상 명확하지 않고 모순되며 조리 있지 않습니다.
Level 9	Low-Basic	이 등급의 수험자는 자주 친숙한 주제에서 자신의 의견을 잘 표출하는데 어려움을 보이며, 익숙하지 않은 상황에서의 효율적 작문은 거의 불가능합니다. 또한 상세한 설명의 부족과 부적절한 내용이 거의 항상 보여집니다. 문법구조와 문장패턴들이 항상 나타나 의미전달이 어렵습니다. 부적절하며 의미전달에 혼란을 주는 단어 선택이 항상 보여지며, 부연설명을 하기가 힘듭니다. 수험자가 전달하고자 하는 메시지가 무엇인지 이해되기 힘듭니다.
Level 10	Beginner-Basic	이 등급의 수험자는 친숙한 상황에서도 자신의 의견을 표출하는데 어려움을 보입니다. 또한 기초적인 설명이 부족하고 엉뚱하며 부적절한 내용전개로 인하여 어떤 내용을 전달하고자 하는지 이해되기가 거의 대부분 힘듭니다. 문법구조와 문장패턴들이 항상 나타나 의미전달이 어렵습니다. 대부분 부적절한 단어선택을 하며, 부연하려는 시도가 보이지 않습니다. 수험자가 전달하고자 하는 메시지가 무엇인지 이해되기 힘듭니다.
Level 11	No mastery	이 등급의 수험자는 알고 있는 단어의 나열 또는 구문의 나열 수준인 문장을 표현합니다. 따라서 내용이 전달될 만한 작문을 할 수가 없습니다.

성적표 샘플

성적표에는 시험점수, 파트별 과제 수행 완성 정도, 수험자가 도달한 수준에서 기대되는 평가 영역별 쓰기 능력에 대한 자세한 설명이 제공됩니다.

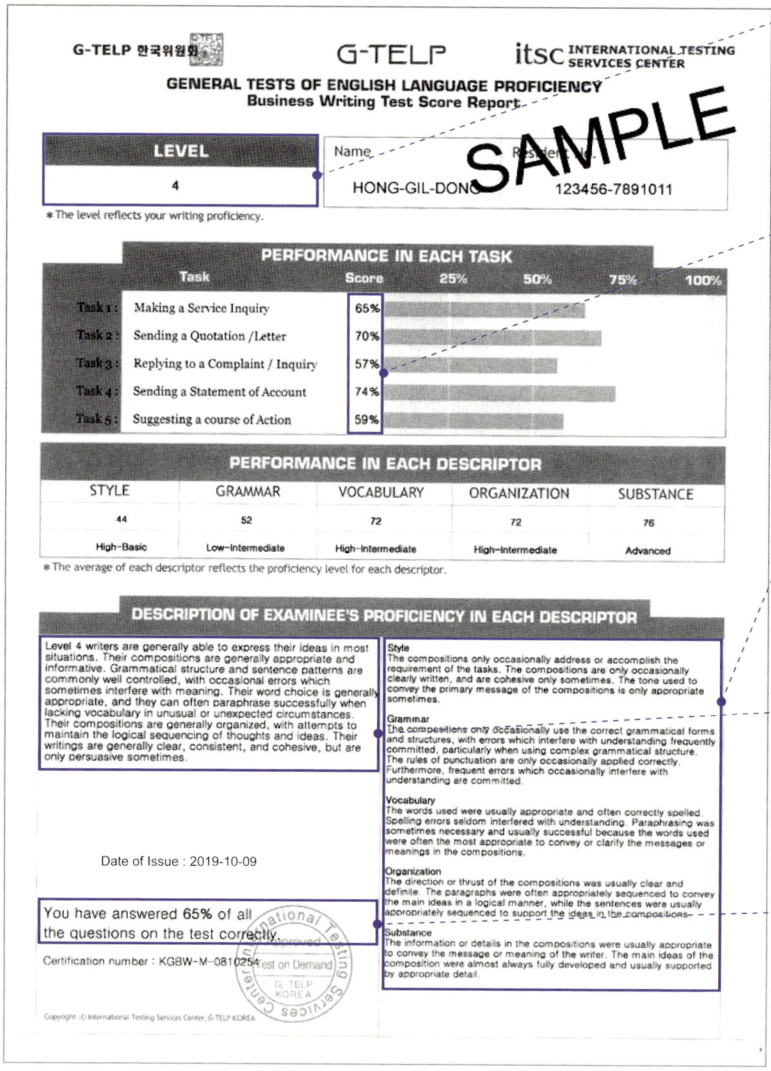

G-TELP 한국위원회

G-TELP

itsc INTERNATIONAL TESTING SERVICES CENTER

GENERAL TESTS OF ENGLISH LANGUAGE PROFICIENCY
Business Writing Test Score Report

SAMPLE

LEVEL	Name	Resident No.
4	HONG-GIL-DONG	123456-7891011

* The level reflects your writing proficiency.

PERFORMANCE IN EACH TASK

	Task	Score
Task 1 :	Making a Service Inquiry	65%
Task 2 :	Sending a Quotation / Letter	70%
Task 3 :	Replying to a Complaint / Inquiry	57%
Task 4 :	Sending a Statement of Account	74%
Task 5 :	Suggesting a course of Action	59%

PERFORMANCE IN EACH DESCRIPTOR

STYLE	GRAMMAR	VOCABULARY	ORGANIZATION	SUBSTANCE
44	52	72	72	76
High-Basic	Low-Intermediate	High-Intermediate	High-Intermediate	Advanced

* The average of each descriptor reflects the proficiency level for each descriptor.

DESCRIPTION OF EXAMINEE'S PROFICIENCY IN EACH DESCRIPTOR

Level 4 writers are generally able to express their ideas in most situations. Their compositions are generally appropriate and informative. Grammatical structure and sentence patterns are commonly well controlled, with occasional errors which sometimes interfere with meaning. Their word choice is generally appropriate, and they can often paraphrase successfully when lacking vocabulary in unusual or unexpected circumstances. Their compositions are generally organized, with attempts to maintain the logical sequencing of thoughts and ideas. Their writings are generally clear, consistent, and cohesive, but are only persuasive sometimes.

Style
The compositions only occasionally address or accomplish the requirement of the tasks. The compositions are only occasionally clearly written, and are cohesive only sometimes. The tone used to convey the primary message of the compositions is only appropriate sometimes.

Grammar
The compositions only occasionally use the correct grammatical forms and structures, with errors which interfere with understanding frequently committed, particularly when using complex grammatical structure. The rules of punctuation are only occasionally applied correctly. Furthermore, frequent errors which occasionally interfere with understanding are committed.

Vocabulary
The words used were usually appropriate and often correctly spelled. Spelling errors seldom interfered with understanding. Paraphrasing was sometimes necessary and usually successful because the words used were often the most appropriate to convey or clarify the messages or meanings in the compositions.

Organization
The direction or thrust of the compositions was usually clear and definite. The paragraphs were often appropriately sequenced to convey the main ideas in a logical manner, while the sentences were usually appropriately sequenced to support the ideas in the compositions.

Substance
The information or details in the compositions were usually appropriate to convey the message or meaning of the writer. The main ideas of the composition were almost always fully developed and usually supported by appropriate detail.

Date of Issue : 2019-10-09

You have answered 65% of all the questions on the test correctly.

Certification number : KGBW-M-0810254

Mastery Level

수험자의 영어 작문능력 등급을 보여줍니다.

Score

세분화된 과제의 점수(task score)
각 등급의 세분화된 과제를
어느 정도로 잘 수행하는지를 백분율로
보여줍니다.

Description

능력묘사표(Description):
각 기능분야에서의 응시자의 능력을
상세히 설명합니다.

PROFILE B Explanation

응시자의 종합적인 영어쓰기
능력수준을 상세히 묘사합니다.

Percent

쓰기능력을 100점 만점의 평균점수로
표기하여 비교, 활용이 편리합니다.

G-TELP Business Writing Test

		Mon	Tue	Wed	Thurs	Fri
1 week	Chapter 1	1-1. 동명사 1-2. 부정사	1-3. 부사절접속사 1-4. 명사절접속사	1-5. 형용사절 접속사 1-6. 주격 관계대명사에서 '분사수식'		
	Chapter 2				2-1. 비즈니스 라이팅의 형식 2-2. 첫번째 단락 작성요령	2-3. 두번째 단락 작성요령 2-4. 세번째 단락 작성 요령
2 week	Chapter 3	3-1. 정보제공 요청 3-2. 문의에 대한 답변	3-3. 흥미 표현 3-4. 제품, 서비스 등의 홍보	3-5. 사과 및 오해 해소 3-6. 재촉할 때	3-7. 의견 전달 3-8. 비용 청구	Chapter 3 Review
3 week		4-1. Part 1. Making a Service Inquiry		4-2. Part 2. Sending a Quotation / Letter		4-3. Part 3. Replying to a Complaint / Inquiry
4 week	Chapter 4	4-3. Part 3. Replying to a Complaint / Inquiry	4-4. Part 4. Sending a Statement of Account		4-5. Part 5. Suggesting a Course of Action	
5 week		Chapter 4 Part 1~2 Review	Chapter 4 Part 3~4 Review	Chapter 4 Part 5 Review		
	Chapter 5, 6			Chapter 5	Chapter 6	실전모의고사

글로벌 비즈니스 어학역량 평가 시험

G-TELP Business Writing Test
공식수험서

Chapter 1
라이팅을 위한 기본 문법

General Tests of English Language Proficiency

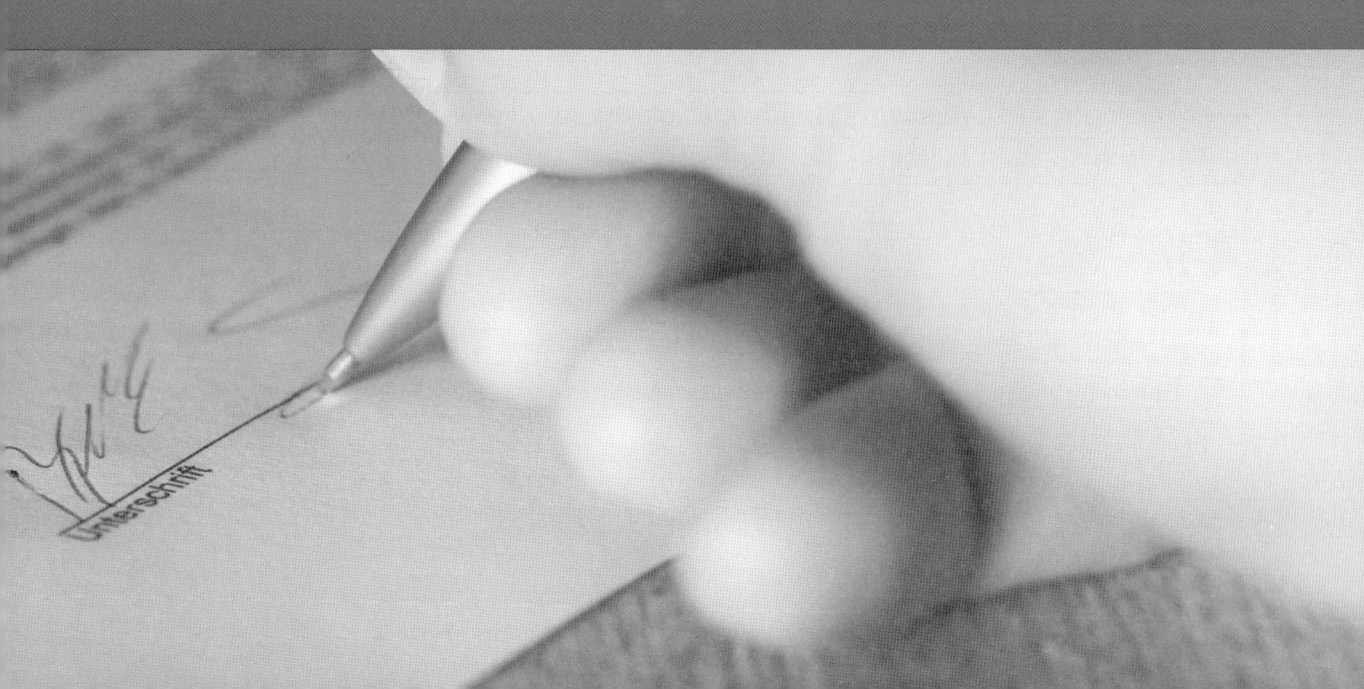

Chapter 1.
라이팅을 위한 기본 문법
Basic Grammar

비즈니스 라이팅에 있어서 문법적인 실수를 하지 않는 것은 아주 중요하다. 이것은 단순히 내용상 오해를 만들지 않기 위함도 있지만 상대에 대한 예의, 정중함의 문제로 이어질 수도 있기 때문이다. 본 단원에서는 라이팅을 위해 기본적으로 많이 쓰이는 중요한 문법을 정리하고 편지 또는 이메일에 쓸 수 있는 유용한 표현들을 알아볼 것이다.

General Tests of English Language Proficiency

1-1 동명사

동명사는 기본적으로 문장에서 주어, 목적어, 보어 자리에서 활용될 수 있다. 이 중 라이팅에서는 목적어로 활용하는 경우가 많은데, 반드시 동명사를 목적어로 취해야 하는 동사들에 대해 암기 및 숙지를 해서 실수에 유의해야 한다.

 동명사 – 주어

> As per your request, ***removing your name*** from the customer list ***has*** been completed.
> 귀하의 요청에 따라, 고객명단에서 성함을 빼는 것이 완료되었습니다.

꿀 설명

동명사를 주어자리(removing your name)에 쓸 때는 단수취급(has)을 하는 것이 중요하다. 한국어에는 수일치가 없기 때문에 습관적으로 동사원형(have)을 쓸 수 있는데 큰 문법적 실수이다.

Removing your name from the customer list ~~have been completed.~~
→ has been completed.

📒 Practice

01. Arranging shifts for employees (is / are) one of a supervisor's most important jobs.
직원들의 교대근무를 조정하는 것은 관리자의 가장 중요한 업무들 중 하나입니다.

02. Updating company policies (was / were) an important thing to be discussed during the meeting.
회사정책을 수정하는 것은 회의동안 논의되어야 할 중요한 것이었습니다.

03. 프로젝트를 완료하는 것은 이번 분기에 우선 과제입니다.
(complete / project / priority / quarter)

_____

04. 모든 재료를 올바르게 재활용하는 것은 폐기물을 줄이고 수익을 향상시키는 방법이다.
(recycle / material / correctly / reduce / waste / boost / profits)

_____

01. is
02. was
03. Completing the project is a priority for this quarter.
04. Recycling all material correctly is a way to reduce waste and boost profits.

동명사 - 동사의 목적어

After thorough market research, our company *is considering expanding* into South Africa due to its great potential.

철저한 시장조사 후에, 저희 회사는 큰 잠재력으로 인해 남아프리카공화국으로 확장하는 것을 고려하는 중입니다.

꿀 설명

문장의 동사(is considering)은 고려하다 라는 의미를 가지고 뒤에 목적어를 써야 한다. 이때 동명사(expanding) 형태로 목적어를 써야 하는데 만약 'to expand'를 쓰게 되면 큰 문법적 오류가 된다. 동명사를 목적어로 취하는 동사를 잘 구분하는 것이 중요하다.

e.g.) After thorough market research, our company **is considering** ~~to expand~~ into South Africa due to its great potential.
→ expanding

동명사를 목적어로 취하는 동사

consider Ving ~을 고려하다	**suggest** Ving ~을 제안하다	**recommend** Ving ~을 추천하다
avoid Ving ~을 피하다	**discontinue** Ving ~을 중단하다	**stop** Ving ~을 중단하다
finish Ving ~을 중단하다	**include** Ving ~를 포함하다	**mind** Ving ~을 꺼리다
delay Ving ~을 미루다	**postpone** Ving ~을 미루다	**give up** Ving ~을 포기하다

📖 Practice

01. Lauren Shoes decided to discontinue (to manufacture / manufacturing) hiking shoes because of low sales.
Lauren Shoes는 저조한 실적때문에 하이킹신발을 생산하는 것을 중단하기로 결정했습니다.

02. Every committee member suggested (to appoint / appointing) Ms. Morison as new operating manager.
모든 위원회 멤버는 Ms. Morison을 새로운 운영매니저로서 임명하는 것을 제안했습니다.

03. 차량이 파손되는 것을 피하기 위해 지정된 주차공간에 주차하세요.
(avoid / damage / designated / parking area)

_____

04. Warren Magazine은 주간 잡지를 온라인으로 발행하는 것을 고려했습니다.
(publish / a weekly magazine / online / consider)

_____

01. manufacturing
02. appointing
03. To avoid damaging your car, please park in a designated parking area.
04. Warren Magazine considered publishing a weekly magazine online.

 동명사 - 전치사의 목적어

By signing the contract, lengthy negotiations for M&A finally came to an end.

계약서에 사인을 함으로써 M&A를 위한 오랜 협상이 마침내 마무리되었습니다.

꿀 설명

문법적으로 전치사 뒤에는 '명사'와 '동명사'가 올 수 있는데, 특히 동명사의 경우에는 관용적 표현이 생기게 된다. 많이 쓰이는 표현 중에 하나인 'By + Ving: ~함으로써' 등이 대표적이라고 할 수 있는데 적절한 관용표현의 활용을 통해 자연스러운 글쓰기를 할 수 있다.

전치사 + 동명사 관용표현	
by + Ving	~함으로써
upon(on) + Ving	~하자 마자
in + Ving	~하는데 있어서
without + Ving	~하지 않고

1-2 부정사

부정사는 문장에서 명사, 형용사, 부사 역할을 할 수 있을 만큼 활용도가 높다. 이 섹션에서는 비즈니스 라이팅에서 많이 쓰일 수 있는 부정사의 문법에 대해서 압축적으로 논의해 보려고 한다. 그리고 동명사와 마찬가지로 부정사의 관용표현도 정리해 볼 것이다.

▶ 부정사 – 가주어/진주어 (명사 역할)

It is mandatory for new employees *to attend* an orientation session before work.
신입사원들은 근무 전 오리엔테이션에 참석하는 것이 필수 사항입니다.

꿀 설명

흔히 '~하는 것이 ~하다' 식의 표현을 쓸 때, 가주어-진주어의 쓰임은 중요하다. 라이팅에서 반드시 활용될 가능성이 높은 표현이다. 그리고 진주어(to attend) 앞에 'for + 명사'를 쓰게 되면 '~이/가 ~하는 것이 ~하다' 라는 표현(의미상주어)이 될 수 있음을 참고하자.

▶ 부정사 – 동사의 목적어 (명사 역할)

Because a fatal defect has occurred in the car engine, the company **plans to recall** it.
자동차 엔진에 치명적인 결함이 발생했기 때문에, 그 회사는 그것을 리콜 할 계획합니다.

꿀 설명

앞서 언급한 동명사와 마찬가지로 부정사도 동사의 목적어로 쓰일 수 있다. 문장은 동사인 plan은 목적어를 필요로 하는데 일반적으로 부정사(to recall)를 목적어로 써야 한다. 그래서 부정사를 목적어로 취하는 동사들은 미리 파악해서 실수를 해서는 안된다.

e.g.) Because a fatal defect has occurred in the car engine, the company **plans recalling** it.
→ to recall

부정사를 목적어로 취하는 빈출 동사		
want to V ~하는 것을 원하다	**need** to V ~하는 것을 필요하다	**hope** to V ~하는 것을 희망하다
like to V ~하는 것을 원하다	**would like** to V ~하고싶다	**promise** to V ~하는 것을 약속하다
tend to V ~할 경향이 있다	**manage** to V 가까스로 ~하다	**decide** to V ~하는 것을 결정하다
plan to V ~할 계획이다	**expect** to V ~하는 것을 기대하다	**hesitate** to V ~하는 것을 망설이다
struggle to V ~하려고 노력하다	**strive** to V ~하려고 분투하다	**refuse** to V ~하는 것을 거절하다

📖 Practice

01. If you have any question about the product, do not hesitate (to contact / contacting) me.
귀하께서 그 제품에 대해서 어떠한 질문이라도 있으시다면 저에게 부담없이 연락주세요.

02. After 30 years of service as a lawyer, Mr. Choi decided (to retire / retiring) next month.
변호사로서 근무한 지 30년 만에 Mr. Choi는 다음 달에 은퇴하기로 결정했습니다.

03. Mr. Medina는 취소된 비행기에 대한 저렴한 대안을 가까스로 찾아냈다.
(manage to / canceled / flight / affordable / alternative)

_____

04. Crystal Bank에서 3년간 근무한 후에 저는 회계학 학위를 따기로 결정했습니다.
(decide / accounting / degree / pursue)

_____

01. to contact
02. to retire
03. Mr. Medina managed to find an affordable alternative to the canceled flight.
04. After three years at Crystal Bank, I decided to pursue a degree in accounting.

부정사 - ~하기 위해서 (부사 역할)

I am writing **to register** for the photography courses that Mr. Kim will be teaching.
저는 Mr. Kim 이 강의할 사진 수업에 등록하기 위해 편지를 드립니다.

꿀 설명

부정사가 부사적 용법으로 쓰일 때 '목적'을 나타낼 수 있다. 비즈니스 라이팅에 있어서 가장 먼저 시작해야 하는 내용은 편지를 쓰는 목적을 신속하게 전달하는 것이다. 보통 'I am writing to ~' 표현을 사용하고, '~하기 위해서 편지를 드립니다.' 로 해석이 된다.

부정사 - ~해서 (부사 역할)

We are **pleased to inform** you that your order has been processed successfully.
저희는 귀하의 주문이 성공적으로 처리되었음을 알리게 되어 기쁘게 생각합니다.

꿀 설명

일반적으로 감정을 나타내는 형용사(보통 과거분사형) 뒤에 부정사를 쓰게 되면 그 감정의 '원인'을 나타내게 된다. 그리하여 '~해서 (감정)하게 생각합니다' 정도의 의미를 나타낼 수 있다. 역시나 편지의 목적을 드러내기 적합한 표현이므로 도움이 된다.

감정표현 형용사 + to V		
happy to V: ~해서 기쁘다.	excited to V: ~해서 기쁘다.	sorry to V: ~해서 유감이다.
glad to V: ~해서 기쁘다.	delighted to V: ~해서 기쁘다.	regretful to V: ~해서 유감이다.
pleased to V: ~해서 기쁘다.	gratified to V: ~해서 기쁘다.	surprised to V: ~해서 놀라다.

📓 Practice

01. I am writing (to request / requesting) a catalog of your office supplies.
귀하의 사무용품에 대한 카탈로그를 요청하기 위해 편지를 드립니다.

02. I am delighted (to welcome / welcoming) Mr. Grant as sales manager to the company.
저는 Grant 씨를 회사에 영업매니저로서 맞이하게 되어 기쁘게 생각합니다.

03. 저는 귀하의 배송상태에 대해 알려 드리기 위해 편지를 드립니다.
(update / status / shipment)

_____

04. 저는 귀하께서 다음 컨퍼런스에서 발표를 할 수 없다는 사실을 알게 되어 유감으로 생각합니다.
(disappointed / learn / deliver a presentation)

_____

01. to request
02. to welcome
03. I am writing to update you on the status of your shipment.
04. I am disappointed to learn that you will not be able to deliver a presentation at the next conference.

YOU KNOW WHAT?

< 단어 vs 구 vs 절 >

영어문법에서 가장 중요하게 생각해야 하는 것이 '단어, 구, 절' 등과 같은 단위(unit)를 인식하는 것이다. 개별적인 단어로 구성되어 있지만 결국 하나의 덩어리로서 어떤 (품사)역할을 하는 것에 대한 이해를 높여야 문법에 대한 이해를 넓힐 수가 있다. 앞으로 배울 문법들이 접속사를 이용한 '절' 단위의 활용이기 때문에 이 시점에서 '절'에 대한 이해와 더불어 '단어, 구'도 한번 정리하도록 하자.

낱말: 단어(單語): word

말그대로 하나의 말이 독립적인 역할을 하는 것이다.

He gave the client a special offer.
그는 그 손님에게 특별한 제안을 주었습니다.

※ 위에 예문에서 단어는 'He, gave, the, client, a, special, offer' 등 총 7개로 구성이 되었다. 그리고 이 단어들은 덩어리로 어떤 역할을 하지 않고 모두 독립적으로만 쓰이고 있다.

덩어리말: 구(句): phrase

단어들이 하나의 덩어리를 구성해서 보통 '명사, 형용사, 부사' 역할을 하고 되고, 이럴 때 '명사구, 형용사구, 부사구'라고 부른다.

명사구	동명사	I enjoyed ***meeting him*** at the meeting.
		저는 그 회의에서 **그를 만나서(그를 만나는 것을)** 즐거웠습니다.
	부정사	I decided ***to start my own business***.
		저는 **제 사업을 시작하기로** 결정했습니다.

형용사구	부정사	Mr. Reyes has a plan ***to improve his writing skill***.
		Reyes 씨는 **그의 글쓰기 기술을 향상시킬** 계획이 있습니다.
	분사	We observed a large machine ***cutting steel easily***.
		우리는 **강철을 손쉽게 절단하는** 기계를 관찰했습니다.
	전치사 + 명사	Only those ***with a parking permit*** will be allowed to park here.
		주차허가증을 가진 사람들 만이 여기에 주차하는 것이 허용될 것입니다.

부사구	부정사	**To meet the deadline**, I need to work overtime.	
		마감을 맞추기 위해, 저는 초과근무를 해야 할 필요가 있습니다.	
	분사	**Advertised in the magazine**, the start-up has attracted huge investment.	
		그 잡지에 광고되었기 때문에(되었던), 그 신생기업은 거대한 투자를 유치했습니다.	
	전치사 + 명사	The meeting will be held **on Friday**.	
		그 회의는 금요일에 열릴 것입니다.	

Giving the client a special offer was an easy decision ***to make***.
그 손님에게 특별한 제안을 주는 것은 하기 쉬운 결정이었습니다.

※ 위에 예문에서 단어는 'was, an, easy, decision' 만이 각각 독립적으로 쓰이고 있다. 그리고 2개의 구(句)도 발견할 수 있다.

구1 (명사구)	Giving the client a special offer (동명사 – 주어)
구2 (형용사구)	to make (부정사 –〈앞에 decision을 수식하는〉 수식어)

덩어리말: 절(節): clause

단어들이 하나의 덩어리를 구성하는데 그 덩어리에 '(주어) + 동사' 가 들어있는 '문장의 구조'가 되는 것을 '절'이라고 부르며 역시 '명사, 형용사, 부사' 역할을 하게 되고, 이럴 때 '명사절, 형용사절, 부사절' 라고 부른다.

명사절	접속사+절	The report indicates **that operating costs are too high**.
		그 보고서는 **운영비가 너무 높다는 점을** 보여줍니다.
	의문사+절	**What makes the hotel special** is its cleanliness and friendly staff.
		그 호텔을 특별하게 만드는 점은 청결함과 친근한 직원들입니다.

형용사구	관계사	He wrote a novel **which described his childhood**.
		그는 **그의 어린시절을 그리는** 소설을 썼다

부사구	접속사+절	**When I placed an order,** an error message appeared on the screen.
		주문했을 때, 오류 메시지가 화면에 떴습니다.

Although sales of mobile devices have been increasing, we will keep advertising them in newspapers ***that many readers read***.
모바일기기의 판매가 상승하고 있음에도 불구하고 우리는 **많은 독자들이 읽는** 신문에 그것들을 광고하는 것을 계속할 것입니다.

※ 위에 예문에서 단어는 'we, will keep, them' 만이 하나의 말이 독립적으로 쓰이고 있다. 그리고 2개의 절(節)도 발견할 수 있다.

절1 (부사절)	Although sales of mobile devices have been increasing (접속사절 – 〈문장 앞에서 문장을 수식하는〉 수식어)
절2 (형용사절)	that many readers read (관계대명사절 – 〈앞에 newspapers를 수식하는〉 수식어)

< 완전한 절 vs 불완전한 절 >

완전한 절

위에서 정리된 '절1'과 '절2'를 보면 다른 점이 하나 발견된다. 물론 다른 역할(부사절, 형용사절)이라는 것 외에도 구조적인 차이를 발견할 수가 있다.

절1: 완전한 절 (5형식이 적합하게 쓰인 문장 형태)
Although (접속사)
sales of mobile devices have been increasing (완전한 구조의 문장)

위에 '절1'은 although 라는 접속사 뒤에 '완전한 구조'의 문장이 연결되어 쓰이고 있다. 보통의 접속사들은 이렇게 완전한 구조를 취하게 된다.

불완전한 절

완전한 절의 형태가 아닌 불완전한 절은 보통 있어야 하는 '주어'나 '목적어' 가 없다. 둘 중에 하나가 없는 경우를 불완전한 절이라고 부를 수 있다.

절2: 불완전한 절 (목적어가 쓰여야 하는데 없는 문장 형태)
that (관계대명사)
many readers read (read 동사의 목적어가 없는 불완전한 구조의 문장)

위에 '절2'에서는 3형식동사 read는 '무엇을'에 해당하는 목적어가 나와야 하는데 'that' 뒤에서 목적어가 쓰이지 않은 말그대로 불완전한(incomplete) 구조가 된다. 차후에 배울 '관계대명사, 의문사' 등에서 불완전한 구조를 필요로 하는 경우가 있는데 공부를 해 보도록 하자.

1-3 부사절접속사

부사절접속사는 뒤에 '주어+동사' 형태의 문장을 써서 '부사덩어리(절)'를 만드는 것이다. 이 부사절을 문장 앞에 쓸 때는 보통 콤마(,)를 써서 '부사절, 주절' 구조로 쓰거나 뒤로 쓸 때는 콤마없이 '주절 부사절' 구조로 쓰는 것이 일반적이다.

원인/이유 접속사

Because their benefits package is generous, the company sees very little employee turnover.

The company sees very little employee turnover **because their benefits package is generous**.

그들의 복리후생이 좋기 때문에, 그 회사는 아주 적은 직원 이직률을 경험합니다.

꿀 설명

원인, 이유 등을 나타내는 부사절접속사는 활용도가 아주 높으며, 'because'가 가장 일반적인 접속사라고 할 수 있다. 역시 뒤에 '주어+동사' 완전한 구조로 쓰고 문장의 앞과 뒤에 쓰일 수 있다.

원인/이유 접속사
because, as, since, now that

양보/대조 접속사

Although Ms. Jones has transferred to New York headquarters, the company still needs to hire more experienced marketers.

The company still needs to hire more experienced marketers **although Ms. Jones has transferred to New York headquarters**.

Ms. Jones가 뉴욕 본사로 이동했음에도 불구하고, 그 회사는 여전히 더 경험 있는 마케터들을 채용할 필요가 있습니다.

> **꿀 설명**
>
> 양보(그럼에도 불구하고), 대조(반면에) 등을 나타내는 부사절 접속사도 역시 많이 쓰인다. 흔히 'though'가 포함된 표현이 많고 의미상으로는 큰 차이는 없다. 역시 뒤에 '주어+동사' 완전한 구조로 쓰고 문장의 앞과 뒤에 쓰일 수 있다.

양보 접속사
though, although, even though, even if (+가정의 상황), whether ~ or (상관없이)
대조 접속사
while, whereas

 시간 접속사

> **After the final prize was granted**, Mr. Novak appreciated the efforts of every organizer.
> ---
> Mr. Novak appreciated the efforts of every organizer **after the final prize was granted**.
>
> 마지막 상이 수여된 후에, Mr. Novak 은 모든 조직자의 노력에 감사해 했습니다.

> **꿀 설명**
>
> 시간을 나타내는 표현은 무척이나 다양하므로 정확히 학습해서 적절하게 쓸 수 있어야 한다. 또한 일반적으로는 시간접속사 안에는 미래시제(will)를 대신해서 현재시제(실제로는 미래이지만)로 표현해야 한다. 마지막으로 '접속사 + 분사구문' 형태로도 사용할 수 있는데 아래 예문을 통해 알아보도록 하자.

예문1. 미래시제 대신 현재시제 사용

> When the office cabinet **arrives tomorrow**, there **will be** no one at the office.
> 내일 사무실 캐비닛이 도착할 때, 사무실에 아무도 없을 것입니다.

예문2. 접속사 + 현재분사구문

> While ~~he~~ **arranged the event schedule** (능동), Mr. Albert designed the invitation card himself.
> While **arranging the event schedule** (능동), Mr. Albert designed the invitation card himself.
> Albert 씨는 행사 스케줄을 정리하면서, 직접 초대장도 디자인했습니다.

※ 주어 **Mr. Albert**가 반복적으로 나오기 때문에 부사절에서 주어를 생략하면서 동사의 형태를 현재분사로 바꾼 형태가 된다.

예문3. 접속사 + 과거분사구문

When ~~it was~~ ***written by the manager***(수동), the proposal attracted much interest from investors.
When ***written by the manager***(수동), the proposal attracted much interest from investors.
제안서가 매니저에 의해 작성될 때, 투자자들의 많은 관심을 불러 일으켰습니다.

※ 주어 proposal이 반복적으로 나오기 때문에 부사절에서 주어를 생략하는 것까지는 현재분사구문과 동일하지만, 'be동사'와 함께 생략을 해서 과거분사로 바꾼 형태를 만들게 된다.

시간 접속사
when, after, before, since(이래로), until(까지), while(동안), as soon as(하자 마자)
전치사와 형태가 동일한 시간 접속사
after, before, since(이래로), until(까지)

▶ 조건 접속사

If we receive the budget report today, the plan for the waterfront project will be completed tomorrow at the latest.

The plan for the waterfront project will be completed tomorrow at the latest ***if we receive the budget report today.***
만약 저희가 오늘 예산보고서를 받게 된다면, 수변공간프로젝트에 대한 계획이 늦어도 내일까지는 마무리될 것입니다.

🍯 꿀 설명

> 'If'로 대표되는 조건은 말그대로 어떤 조건에 따라 내용이 달라질 때 쓰는 것이다. 역시 시간접속사와 마찬가지로 위 예문을 보면 알겠지만, 일반적으로는 미래시제(will receive)를 현재시제(receive)로 대체해서 표현해야 한다. 비즈니스 라이팅에서는 글의 후반부에 '만약에 질문이 있다면' 등의 표현으로 아주 많이 쓸 수 있기 때문에 숙지해야 한다.

조건 접속사
if, unless(아니라면), once(일단 ~하고 나면), in case(~에 대비하여),
in the case(~의 경우에는), as long as(하는 한)

기타 부사절접속사

> ***Given that prices of raw materials have increased,*** we should reduce production costs.
> 원자재 가격이 상승했다는 것을 고려해 보면, 우리는 생산비용을 줄여야만 합니다.

> The shipment of window frames must be sent out today ***so that we can meet the deadline.***
> 우리가 마감을 맞출 수 있기 위해서 창문 틀의 배송이 오늘 이루어져야만 합니다.

꿀 설명

'so that' 접속사의 경우 문장의 중간에서 문장과 문장을 연결하는 구조(예문 참조)로 쓰이게 되며, 'can/could/may/might/will/would' 등의 조동사와 함께 쓰이는 것이 일반적이다.

기타 부사절 접속사

so that (~하기 위해서), given that (고려해 보면), considering (고려해 보면),
as if/as though (마치 ~인 것처럼), so 형용사/부사 that (매우 ~해서 ~하다)

📔 Practice

01. (Because / Because of) the department's administrative assistant is on holiday, a temporary employee should be hired to fulfill his duties.
부서 행정보조원이 휴가 중이기 때문에, 임시직원이 그의 일들을 수행하기 위해 채용되어야 합니다.

02. The new desk seems functional (although / because) it was slightly damaged during shipping
새로운 책상이 배송 중에 경미하게 파손되었음에도 불구하고 제 기능을 하는 것처럼 보입니다.

03. 귀하께서 검토하실 수 있기 위해 저는 관련 정보를 첨부했습니다.
(attach / relevant / so that / review)

_____

04. 다른 사람들이 그 날짜를 예약하기 전에 우리는 빠르게 결정을 해야 할 필요가 있습니다.
(make a decision / reserve / the date / quickly)

_____

ANSWER

01. Because
02. although
03. I attached the relevant information so that you can review it.
04. Before others reserve the date, we need to make a decision quickly.

1-4 명사절접속사

명사절접속사도 부사절접속사와 마찬가지로 뒤에 '주어+동사' 형태의 문장을 써서 '명사덩어리(절)'를 만드는 것이다. 다만 명사절접속사의 경우 완전한 문장구조가 아닌 패턴들도 있기 때문에 문법적으로 올바르게 작성해야 한다. 보통 '동사' 뒤에서 목적어덩어리로 쓰는 것이 일반적이다.

▶ that + 완전한 문장구조 (~하는 것)

The contract specifies **that loan payments are made at the end of each month.**

계약서는 대출금 납입은 매달 말에 이루어진다고 명시하고 있습니다.

▶ whether + 완전한 문장구조 (~인지 아닌지)

Please let me know **whether a technology seminar will be held as scheduled (or not).**

기술세미나가 예정대로 열릴 지 아닐 지 저에게 알려주십시오.

▶ whether + to V (~인지 아닌지)

My manager has not decided **whether to purchase new printers (or not)**.

저희 매니저께서 새로운 프린터를 구매할지 안 할지 결정하지 못했습니다.

> **꿀 설명**
>
> 접속사 whether를 쓸 때 문장의 주어(my manager)와 whether 안에 주어(my manager)가 동일할 경우, whether 안에 주어를 생략하고 동사를 to부정사 형태로 쓰게 된다.
>
> e.g.) My manager has not decided **whether he (my manager) will purchase** new printers or not.
> → to purchase

if + 완전한 문장구조 (~인지 아닌지)

I would like to know if the grand ballroom of the Mondale Hotel has been reserved for the finance workshop.

저는 재무 워크숍을 위해 Mondale Hotel의 대연회장이 예약되었는지 아닌지 알고 싶습니다.

whether과 마찬가지로 접속사 if는 '만약에'라는 뜻(부사절)분 만 아니라 '인지 아닌지' 로 쓰일 수 있지만 일반적으로는 뒤에 'or not'을 붙이지 않는다.

📔 Practice

01. The research indicates (that / it) an effective supervisor has an ability to motivate staff and increase team productivity.

연구는 효과적인 관리자는 직원들을 동기부여하고 팀생산성을 증가시키는 능력을 가지고 있다는 것을 보여줍니다.

02. I have not determined (whether / if) to transfer to a new branch office in Busan.

저는 부산의 새로운 지점으로 전근을 갈지 말지 결정하지 못했습니다.

03. 저는 귀하께서 저희 호텔에 머무르는 데 만족하셨기를 희망합니다.
(hope / enjoy / stay)

_____

04. 다음 직원 회의에 참석하실 수 있는 지 없는 지 저에게 알려주십시오.
(let / know / if / able / attend / staff meeting)

_____

ANSWER

01. that
02. whether
03. I hope that you enjoyed staying at our hotel.
04. Let me know if you will be able to attend the next staff meeting.

▶ what / which / who + 불완전한 문장구조

What makes the product special is its durability and affordability.

그 제품이 특별한 것은 내구성과 저렴 함입니다.

꿀 설명

what 뒤에 주어가 없는 불완전한 구조로 '절'을 구성하고 있다. 보통 **what/which/who는 뒤에 주어나 목적어가 없는 불완전한 구조를** 취하게 된다. 위에 예문에서는 'what ~ special' 부분이 문장의 주어로 쓰이고 있다.

We will soon select **who represents the company at the trade show**.

우리는 무역박람회에서 회사를 누가 대표할 지 곧 선택할 것입니다.

꿀 설명

역시 who 뒤에 주어가 없는 불완전한 구조로 쓰이고 있다. 그리고 'who ~ trade show' 가 select 동사의 목적어로 쓰이고 있다.

▶ what / which / who + to V

As our office manager, Mr. Wingers will decide **what to conduct first**.

우리 사무실 관리자로서 Wingers 씨는 무엇을 우선 실행할 지를 결정할 것입니다.

꿀 설명

what 뒤에 to 부정사(to conduct) 구조를 쓰고 있는데 'whether to V' 형태와 마찬가지로 문장의 주어(Mr. Wingers)와 what 뒤에 주어가 동일하기 때문에 **what 뒤에 주어를 생략하고 동사를 to부정사 형태** 로 쓰게 된다.

e.g.) As our office manager, Mr. Wingers will decide **what he should conduct** first.
　　→ to conduct

when / where / why / how + 완전한 문장구조

Where a company's booth will be set up depends on its rate and size.

회사의 부스가 어디에 설치될 지는 요금과 크기에 따라 다릅니다.

> **꿀 설명**
>
> where 뒤에 완전한 구조로 '절'을 구성하고 있다. 보통 when/where/why/how는 뒤에 완전한 구조를 취하게 된다. 위에 예문에서는 'where ~ up' 부분이 문장의 주어로 쓰이고 있다.

I had a question about ***how soon the renovation project will be completed.***

저는 그 개조 프로젝트가 얼마나 빨리 마무리될 것인지에 대해 질문을 가지고 있었습니다.

> **꿀 설명**
>
> 의미상 '얼마나 빨리' 라는 표현을 나타내기 위해서 'how+부사(how soon)'을 쓰고 있으며 그 뒤에 다시 완전한 구조를 취하고 있다. 그리고 예문에서는 'how ~ completed' 부분이 전치사 about 뒤에 목적어로 쓰이고 있다.

when / where / why / how + to V

The marketing director wants to know ***when to submit a budget report*** for the new commercial.

마케팅 부장은 새로운 광고를 위한 예산보고서를 언제 제출해야 할지를 알고 싶어합니다.

> **꿀 설명**
>
> when뒤에 to부정사(submit) 구조를 쓰고 있는데 역시 문장의 주어(the marketing direct)와 submit의 주어가 동일하기 때문에 when 뒤에 <u>주어를 생략하고 동사를 to부정사 형태</u>로 쓰게 된다.
>
> e.g.) The marketing director wants to know **when ~~she should~~ submit** a budget report for the new commercial.
>   → to submit

📋 Practice

01. The inspection is expected to identify (how / what) effectively new safety measures were implemented last year.

그 검사는 새로운 안전조치가 작년에 얼마나 효과적으로 이행되었는지 밝혀낼 것으로 기대됩니다.

02. The design department will have a meeting about the new laptop model to decide (what / when) needs to be improved.

디자인부서는 새로운 노트북에 대해 무엇이 향상되어질 필요가 있을지 결정하기 위해 회의를 열 것입니다.

03. 그 고객은 언제 주문이 도착할지를 알고 싶어 합니다.
(client / order / arrive / want)

_____

04. 저는 웹사이트를 통해 회원에 어떻게 등록해야 하는지에 대해 혼란스러웠습니다.
(confused / register for / membership / how / through the website)

_____

01. how
02. what
03. The client wants to know when the order will arrive.
04. I was confused about how to register for membership through the website.

1-5 형용사절 접속사

형용사절 접속사는 일명 '관계사'라는 이름으로 더 잘 알려져 있다. 역시 뒤에 '주어+동사' 형태의 문장을 써서 '형용사'역할을 하는데 관계사 앞에 있는 명사를 수식하는 역할을 한다. 그 앞에 있는 명사를 '선행사'라고 부르고 관계사는 다시 '관계대명사'와 '관계부사'로 구분되기도 한다.

관계사의 시작

1. 일단 관계사의 시작은 2개의 문장이라고 볼 수 있다.

문장 1
I went to a hotel.
저는 호텔에 갔습니다.

+

문장 2
The hotel (=it) is located near the airport.
그 호텔 (=그것은) 공항 가까이에 위치하고 있습니다.

2. 이 2개의 문장을 더 효율적으로 쓰려는 노력에서 1개의 문장으로 형태를 바꾸게 됩니다.
이때 **관계(대명)사**라는 이름을 가지는 '접속사'를 이용하게 된다.

문장 1 + 문장 2
I went to a hotel + **(관계대명사)** is located near the airport.
저는 공항근처에 위치하고 있는 호텔에 갔습니다.

3. 결과적으로 (관계대명사 + is located near the airport) 부분은 문장 안으로 들어간 느낌이 되고, 앞에 있는 hotel(명사)을 부연설명(수식)하게 되므로 형용사절이라고 할 수 있다.

관계대명사 활용절
I went to a hotel (**which / that**) is located near the airport.
저는 공항근처에 위치하고 있는 호텔에 갔습니다.

주격 관계대명사: which / who / that

Mr. Edward was researching effective practices **which influence employee motivation**.

Edward 씨는 직원들의 동기유발에 영향을 미치는 효과적인 관행들을 조사하는 중이었습니다.

꿀 설명

which 앞에 practices 가 사물이므로 관계대명사 which를 썼고, 주격 관계대명사는 뒤에 동사를 바로 써야 하는데 위의 예문에서는 influence 가 나오고 있다.

My boss, **who already proved her excellent leadership**, will retire next month.

이미 훌륭한 리더십을 증명했던 저의 상사가 다음달 은퇴할 것입니다.

꿀 설명

my boss 가 사람이기 때문에 which가 아니라 who를 썼고, 뒤에 '부사 + 동사' 구조로 쓰고 있는 주격관계대명사 패턴이다.

We bought a machine that can monitor the entire operation in the factory.

저희는 공장에서 전체 운영을 점검할 수 있는 기계를 구입했습니다.

꿀 설명

주격 관계대명사 that 은 앞에 사람이나 사물 모두 쓸 수 있다. 위의 예문은 사물(a machine)을 꾸며주는 구조이다.

📋 Practice

01. Yesterday's presentation was helpful to anyone (which / who) wants to learn about financial management.

어제 발표는 재정관리에 대해서 배우기를 원하는 어떤 누구에게 라도 유익했습니다.

02. I am looking for a banquet hall (who / that) can accommodate up to 200 people.

저는 적어도 최대 200명의 사람들을 수용할 수 있는 연회장을 찾고 있는 중입니다.

03. 구매가 마음에 들지 않는 고객들은 2주 내에 교환이나 환불할 수 있습니다.
(customers / dissatisfied / purchase / exchange / refund/within)

_____

04. 저희는 라이브 음악과 맛있는 음식들을 특징으로 하는 여름 행사를 계획 중입니다.
(live music performance / delicious / feature / summer event / plan)

_____

ANSWER

01. who
02. that
03. Customers who are dissatisfied with their purchase can exchange or refund within two weeks.
04. We are planning a summer event which features live music performance and delicious food.

목적격 관계대명사: which / who(m) / that

목적격 관계대명사의 경우에는 생략이 가능하기 때문에 특별하게 격식(formal)을 갖춰 쓰는 경우가 아니라면 크게 신경 쓰지 않아도 된다.

> There is minor problem with a new vacuum cleaner **which I purchased last week.**
> 제가 지난 주에 구매했던 진공청소기에 작은 문제가 있습니다.

꿀 설명

> which 앞에 a vacuum cleaner 가 사물이고, 뒤에 이어지는 구조는 '주어 + 동사'가 되면서 '주어가 ~한' 정도의 해석이 된다.

> I have just finalized the list of participants **who(m) you wanted to invite.**
> 저는 귀하께서 초대하기를 원하셨던 참석자 명단 작성을 막 마무리하였습니다.

꿀 설명

> participants가 사람이기 때문에 목적격 관계대명사 'who' 나 'whom'을 쓸 수 있고 뒤에 이어지는 구조는 역시나 '주어 + 동사'로 마무리된다.

> Everything **that you are looking for** can be found on our website.
> 여러분이 찾으시는 모든 것을 저희 웹사이트에서 찾을 수 있습니다.

꿀 설명

> 주격 관계대명사와 마찬가지로 which 나 who(m)를 대신하여 that을 쓸 수 있다.

소유격 관계대명사: whose

문장 1
Members of Paisley Gym will be offered a 10 percent discount off the annual fee until this month.

Paisley Gym의 회원들은 이번 달까지 연회비에서 10% 할인이 제공될 것입니다.

문장 2
Members' registration ends this month.

회원들이 등록이 이번달에 끝납니다.

> **꿀 설명**
>
> 1번문장과 2번문장을 더하는데 (두 문장으로 써도 되지만 말의 반복 등으로 인해서 비효율적일 가능성이 있음) '(소유격) 관계대명사'을 이용하여 효율적으로 한 문장으로 나타낼 수 있다. whose는 명사 앞에서 his, her, its, their, our처럼 쓰이며, 앞뒤 문장의 연결해주는 역할을 한다.

문장 1 + 문장 2: 소유격 관계대명사로 표현
Members of Paisley Gym ***whose registration ends this month*** will be offered a 10 percent discount off the annual fee for the rest of the month.

이번 달 등록이 종료되는 Paisley Gym의 회원들은 이번달까지 연회비에서 10% 할인이 제공될 것입니다.

> **꿀 설명**
>
> whose 뒤에서는 앞에 있는 선행사(members)의 소유가 되는 명사가 반드시 나와야 한다.
> 의미적으로 'members(회원들)의 registration(등록)'이 되어야 한다.

📋 Practice

01. Many candidates (whose / that) qualifications were excellent applied for the administrative assistant position at Geyer Ltd.
자격요건이 훌륭한 많은 후보자들이 Geyer 사에 행정비서직에 지원했습니다.

02. Gaston Tech developed a security application (who / that) many companies are using due to its dependability.
Gaston Tech는 신뢰성으로 인해 많은 회사들이 사용하고 있는 보안 어플리케이션을 개발했습니다.

03. 우리는 Carson씨의 그림들이 전시 될 미술관에 그를 초대하였습니다.
(invite / paintings / exhibit)

_____

04. 저는 취향이 현대적이고 단순한 고객들을 겨냥한 광고를 제작 중입니다.
(taste / /modern / simple / advertisement / produce / target)

_____

ANSWER

01. whose
02. that
03. We invited Ms. Carson whose paintings will be displayed at a gallery.
04. I am producing an advertisement targeting customers whose taste is modern and simple.

관계부사: where / when / why / how

1. 장소 관계부사 where

Every event participant is required to go to the reception desk **where free information packets will be given.**

모든 이벤트 참석자는 무료 정보 책자를 나눠줄 접수처로 가는 것이 요구됩니다.

꿀 설명

관계부사(where, when, why, how)는 모두 뒤에 완전한 구조의 문장을 쓰게 된다. 관계부사 where 같은 경우에는 선행사는 장소와 관련된 단어가 나와야 하고 의미상 뒤에 있는 문장이 앞에 있는 단어를 수식 하게 된다.

2. 시간 관계부사 when

At the job fair, there will be enough consultation times **when valuable advice can be provided.**

직업박람회에서 가치 있는 조언이 제공될 수 있는 충분한 상담시간이 있을 것입니다.

3. 이유 관계부사 why

Demille Shoe hired a business expert to find out reasons **why the company saw a slight decrease in profit**.

Demille Shoe는 그 회사가 수익상에 약간의 감소를 경험했던 이유들을 알아내기 위해 경영전문가를 채용했다.

4. 방법(방식) 관계부사 how

At regular workshops, TCL sales clerks will have chances to learn **the way how customer complaints should be handled. (X)**

At regular workshops, TCL sales clerks will have chances to learn **how customer complaints should be handled. (O)**

At regular workshops, TCL sales clerks will have chances to learn **the way customer complaints should be handled. (O)**

정기 워크샵에서, TCL 영업 사원들은 고객 불만을 어떻게 처리해야 하는지 배울 기회를 갖게 될 것이다.

꿀 설명

관계부사 how의 경우에는 '방법/방식(the way)'을 선행사로 취하는 경우 쓸 수 있으며, 해석상으로는 '~하는 방법/방식' 이 된다. 주의해야 할 점은 위 예문을 보면 알겠지만 **선행사(the way)와 관계부사(how)는 함께 쓰일 수 없다**는 점이다. 결론적으로 'how + 완전한 구조' 로 쓰거나 'the way + 완전한 구조' 로 써야 한다.

1-6 주격 관계대명사에서 '분사수식'

앞서 형용사절 접속사의 한 종류인 '주격 관계대명사'에 대해서 배웠다. 기본적으로 앞에 있는 명사를 '접속사 + 문장구조'로 수식하는 형태이다. 이때 의미는 같지만 더 간단한 형식으로 문장의 효율성을 높이기 위해 '분사수식'으로 다시 표현할 수 있는데, '명사 + 주격 관계대명사절'은 분사수식으로 변형할 수 있다.

 주격 관계대명사 + 능동태

Mr. Edward was researching effective practices ***which influence employee motivation***.
→ Mr. Edward was researching effective practices ***influencing employee motivation***.
Edward 씨는 직원들의 동기부여에 영향을 미치는 효과적인 관행들을 조사하는 중이었습니다.

e.g.) Mr. Edward was researching effective practices ~~which influence~~ employee motivation.
  → influencing

꿀 설명

주격 관계대명사 which를 생략하면서 동사 influence는 생략하지 않고, '능동태'이기 때문에 'Ving' 형태로 변형시킨다. 현재분사는 능동태 성향을 가지므로 'influencing'을 쓰고 뒤에 목적어(employee motivation)는 그대로 쓰게 된다.

 주격 관계대명사 + 수동태

Ms. Kwon, ***who was nominated for the Best Journalist Award***, cannot attend the ceremony due to a family issue.
→ Ms. Kwon, ***nominated for the Best Journalist Award***, cannot attend the ceremony due to a family issue.
Best Journalist Award의 후보가 된 Kwon 씨는 가족 사정으로 인해 행사에 참석할 수 없습니다.

e.g.) Ms. Kwon, ~~who was~~ **nominated** for the Best Journalist Award, cannot attend the ceremony due to a family issue.
  → nominated

꿀 설명

주격 관계대명사(who)를 생략하면서 이번에는 'be동사'까지 생략을 한다. 그래서 과거분사(nominated)만 남게 하는 것이다. 과거분사는 수동태 성향을 가지기 때문에 의미상으로는 차이가 없다고 볼 수 있다.

📝 Practice

※ 관계대명사는 분사수식으로, 분사수식은 관계대명사로 변경하세요.

01. Sunset Paint employees <u>who wish</u> to interview for the promotion to Regional Manager must contact the HR director today.
Regional Manager 로 승진을 위해 면접보기를 원하는 Sunset Paint 직원들은 오늘 인사부장에게 연락해야 합니다.

02. As junior architect, you should report to Mr. Hashimoto, <u>who was hired</u> from a Danish architectural firm last month.
초급건축가로서 귀하께서는 지난 달 덴마크 건축회사에서 채용된 Hashimoto 씨에게 보고하여야 합니다.

03. A banquet will be held to honor all staff <u>who contributed</u> to a record-breaking year.
기록적인 한 해에 기여했던 모든 직원들을 경축하기 위해 만찬회가 열릴 것입니다.

04. Nelson Mark is looking for a service associate <u>having</u> at least three years of relevant experience.
Nelson Mark는 적어도 3년 간의 유관 경험을 가진 상담원을 찾는 중입니다.

ANSWER

01. Sunset Paint employees wishing to interview for the promotion to Regional Manager must contact the HR director today.
02. As junior architect, you should report to Mr. Hashimoto, hired from a Danish architectural firm last month.
03. A banquet will be held to honor all staff contributing to a record-breaking year.
04. Nelson Mark is looking for a service associate who has at least three years of relevant experience.

EXAMPLE E-MAIL (문법 적용 사례)

From:	Jin-su Kim
To:	Lauren Tailor
Date:	May 1
Subject:	Contractor Choice

Dear Lauren,

I'd like you **to find contractors** for the facility paint job in Incheon. We need to meet a deadline of 18 May as the annual maintenance is scheduled to be conducted the following day.

> To부정사를 목적어로 취하는 동사 (1-2. to부정사 참고)

We believe **that we should select** a paint expert **because a normal contractor may not pay** as much attention to detail as we want. Also, we should go with an experienced firm (at least over five years of

> 명사절접속사와 부사절접속사의 활용 (1-3, 1-4. 부사절 접속사, 명사절 접속사 참고)

business) **that does not delegate work** to another company, but performs all the work itself.

> 형용사절접속사의 활용 (1-5. 형용사절 접속사, 명사절 접속사 참고)

A low-quality paint job will lead to more costs and efforts. With this in mind, we need to spend more on this project by about 20% than we discussed first. However, we cannot exceed that amount in any case. Please send me a list of companies in the town best **suiting the criteria mentioned above** so that I can make the final decision.

> 분사수식(현재분사, 과거분사)의 활용 (1-6. 주격관계대명사에서 분사수식 참고)

Thanks,

Jin-su Kim
Top Archi Ltd.

> | 발신: | 김진수 |
> |---|---|
> | 수신: | Lauren Tailor |
> | 날짜: | 5월 1일 |
> | 제목: | 업자선정 |

Lauren 에게,

저는 귀하께서 인천에 있는 시설물 페인트 작업을 위한 도급업자를 찾아 주길 원합니다. 연간 유지보수 업무가 그 다음 날 이행될 예정이기 때문에, 우리는 5월 18일 마감을 맞출 필요가 있습니다.

일반 건설업자는 우리가 원하는 만큼 세부적으로 관심을 기울이지 않을 수 있기 때문에, 페인트 전문가를 선별해야 한다고 생각합니다. 또한 다른 회사에게 업무를 위임하지 않고, 직접 모든 업무를 수행할 경험(적어도 5년이상의 운영)이 풍부한 회사와 함께 업무를 해야 합니다.

저품질의 페인트 작업은 결국 더 많은 비용과 노력으로 이어질 것입니다. 이 점을 염두에 두고, 우리는 이 프로젝트에 처음에 논의했던 것보다 약 20% 더 많은 예산을 지출할 필요가 있습니다. 하지만 우리는 어떠한 경우에도 이 금액을 초과할 수는 없습니다. 제가 최종 결정을 할 수 있도록 위에서 언급한 기준에 가장 부합한 지역에 있는 회사들의 목록을 저에게 보내주세요.

감사합니다.

김진수 올림
Top Archi Ltd.

Vocabulary

contractor: 도급업자(계약업자)
annual maintenance: 연간 유지보수
pay attention to detail: 꼼꼼하게 관심을 기울이다
go with A: A를 선택하다 (A와 함께 업무를 하다)
delegate A to B: A(업무)를 B(사람)에게 위임하다
exceed: 초과하다
criteria: 기준, 표준

meet a deadline: 마감을 맞추다, 마감을 지키다
conduct: 실행하다
at least: 적어도 (+숫자)
with A in mind: A를 명심하여
suit: 와 어울리다

MEMO

글로벌 비즈니스 어학역량 평가 시험

G-TELP Business Writing Test
공식수험서

Chapter 2
비즈니스 이메일 작성법

General Tests of English Language Proficiency

Chapter 2.
비즈니스 이메일 작성법
How to Write Business E-mail

비즈니스(업무)를 목적으로 상대에게 쓰는 편지는 패턴이 중요하다. 패턴을 통해 격식(정중함)이나 요점을 전달할 수 있기 때문에 그렇다. 이번 단원에서는 보편적인 비즈니스 라이팅의 구조와 형식을 알아보고, 각 구조마다 자주 활용될 수 있는 문장표현들을 공부해서 실무나 실제 시험에 바로 적용해 보는 준비를 하도록 하겠다.

General Tests of English Language Proficiency

2-1 비즈니스 라이팅(이메일)의 형식

From:	Susan Hilary <s.hilary@george.edu.com>
To:	Steven Osborne <sosborne@sba.com>
Date:	November 22
Subject:	Availability for presentation

Dear Dr. Hilary,

I am a committee member of the San Francisco Business Association (SBA). Several of my colleagues and I attended your presentation on grant proposals last night at the Bryant Convention Hall. It was really helpful thanks to your insights and materials, so we hope to invite you to give a similar talk to our association.

The SBA is a community organization in San Francisco and neighboring areas. Now we have 30 affiliated organizations and about 500 members and the group is expanding quickly. We regularly provide workshops on various topics for our members.

Would you be available to deliver your insightful talk on 18 December? The workshop on that day will run from 11:00 a.m. to 1:00 p.m. If you respond by 7 December, we would appreciate it.

Sincerely,

Steven Osborne
San Francisco Business Association

해석

발신: Susan Hilary <s.hilary@george.edu.com>
수신: Steven Osborne <sosborne@sba.com>
날짜: 11월 22일
제목: 발표를 위한 시간가능성

Hilary 박사님께,

저는 San Francisco Business Association (SBA)의 위원입니다. 저의 몇몇의 동료와 저는 어제 Bryant Convention Hall에서 보조금 제안서에 대한 박사님의 발표에 참석했습니다. 박사님의 통찰력과 자료들 덕분에 그것은 정말 유익했고, 그래서 저희는 박사님께서 저희 협회에 비슷한 발표를 해 주십사 요청 드리길 희망합니다.

SBA는 San Francisco와 인접 지역의 지역사회 조직입니다. 현재 저희는 30개의 연합된 조직체들과 약 500명의 회원들을 가지고 있으며 그룹이 빠르게 확장되고 있습니다. 저희는 정기적으로 회원들에게 다양한 주제에 대한 워크샵을 제공하고 있습니다.

박사님께서 12월 18일 통찰력 가득한 발표를 해 주실 시간이 있으실 까요? 그 날 워크샵은 오전 11시에서 오후 1시까지 진행이 될 것입니다. 만약 12월 7일까지 답변주신다면 감사하겠습니다.

Sincerely,

Steven Osborne
San Francisco Business Association

1. To: 받는 사람(수신인)의 이메일 주소를 쓴다.

2. From: 보내는 사람(발신인)의 이메일 주소를 쓴다.

3. 제목(Subject): 이메일의 제목을 쓰는 부분이다. 모든 이메일은 제목과 함께 시작해야 한다. 인사나 추상적인 단어 (*ex.* Hello, Information, Important e-mail) 보다는 상대의 관심을 유발할 수 있고, 이메일의 내용을 짐작할 수 있는 단어들 (*ex.* invite you to give a talk)로 쓰는 것이 좋다. 제목이 공란이거나 너무 추상적이면 무시하거나 스팸으로 등록될 가능성이 있다. 하지만 너무 길게 쓰면 컴퓨터나 휴대폰에서 제목이 모두 나타나지 않을 가능성이 높으므로 6~8 단어들로 작성하는 것이 가장 이상적이다.

4. 인사말(greeting): 보통 시작하는 인사말은 'Dear + Mr./Ms./Prof./Dr. 성(last name)'의 형태가 기본이 된다. 혹은 이름을 모를 때는 'To Whom It May Concern', 'Dear Sir or Madam' 등의 표현도 있긴 하지만 이메일을 받는 대상이 불분명(성별 등)하거나, 딱딱한 표현이기 때문에 가급적 피하도록 하고 차라리 'Dear + 직책'을 쓰는 것이 나을 수 있다.

> **💬 인사말의 표현**
>
> 1) Dear + First Name Last Name
> 2) Dear + Mr./Ms./Dr./Prof. Last Name
> 3) (Dear 생략) + First Name (친한 사이의 경우)
> 4) Dear + Job Title
>
> **⚙ 참고** 'Greetings,' 와 같은 표현은 역시 편지를 수신하는 사람의 이름을 모르거나 일반적인 이메일함 (*ex.* customerservice@businesswriting.com)에서 쓸 수 있다.

5. 본문(body): 본문에서 가장 중요한 점은 간결(concise)하고, 명확(clear)하게 쓰는 것이다. 그리고 보통의 이메일의 경우 3단락을 지켜서 내용을 쓰는 것이 이상적이고, 뒤에서 3단락의 구성을 어떻게 하는 것이 좋은 지에 대해서 구체적으로 설명할 예정이다. 본문에서는 간결하게 쓰는 것에 집중하면서도 전달하고자 하는 필수적인 정보는 모두 제공할 수 있어야 한다. 문장은 짧게(short) 쓰도록 한다. 이메일에서 전송버튼을 누르기 전에는 본문을 한번 전체적으로 읽어보고 불필요한 정보를 정리하는 것이 중요하다. 논점이 흐리거나, 과도한 정보는 과감히 지우는 것이 좋다.

📝 본문 쓰는 법 (How to Write Body)

본문의 경우에는 인사말(greeting)에서 한 줄을 띄운 다음 시작하는 것이 적절하고, 보통 3 단락의 구성을 가지는 것이 이상적이다. 반드시 지켜야 하는 것은 아니지만 각 단락에 적절한 내용을 배치해서 글의 명확성과 수신인의 이해를 높일 수 있다. 첫번째 단락의 경우, 간단한 감사나 사과의 인사말, 편지를 쓰는 목적을 쓰는 것이 일반적이다. 두번째 단락의 경우에는 목적과 관련된 중심이 되는 정보를 육하원칙 (what, who, when, where, why, how)에 맞게 전달하는 것이 좋다. 마지막 단락에서는 요청하는 바 (request), 다시 한번 감사, 사과, 기대 등의 언급을 하는 것이 적절하다.

6. 마무리구(closing phrase): 이메일에서 마무리구(closing phrase)를 넣는 것은 수신자와 잘 모르는 관계에 있는지, 아니라면 동료나 친구관계에 있는지를 보여줄 수 있으므로 신경을 써야한다.

💬 마무리구 표현

1) **Sincerely**: 공식적인 비즈니스 이메일에서 가장 무난히 쓸 수 있다.
2) **Sincerely yours**: Sincerely의 변형표현이라 할 수 있다.
3) **Respectfully**: 아주 공식적으로 쓰는 표현이다
4) **Yours truly**: 역시 정중하고, 공식적인 느낌의 표현이다.
5) **Yours Faithfully 혹은 Yours**: Yours truly 와 유사한 정도의 표현이다.
6) **Best regards**: 다소간 공식적으로 쓰일 수 있고, 가장 많이 쓰이는 표현이다.
   (Best 대신에 Kind, Warm 등을 써도 된다)
7) **Best wishes**: Best regards 정도의 표현이라고 볼 수 있다.
8) **Cheers, Love, Take care**: 이런 표현들은 아주 가까운 관계에게 쓸 수 있으므로 비즈니스 이메일에서는 안 쓰는 것이 좋다.

2-2 첫번째 단락(도입부) 작성요령

편지를 쓰는 목적/의도

비즈니스 라이팅(이메일)의 경우 명료하게 내용을 전달해야 한다. 그러므로 도입부에서는 글 쓰는 목적과 의도를 전달하는 것이 아주 중요하다. 목적/의도를 전달하는 경우에도 패턴화 된 표현들이 주로 쓰이게 되므로 다수의 관용표현들을 잘 숙지하고 본인이 쓰고자 하는 내용으로 응용을 하는 것이 중요하다고 볼 수 있다.

KEY EXPRESSION ❶ : ~에 대해 감사드립니다.

Thank you	for
~에 대해 감사드립니다.	

REAL! 꿀 표현

Thank you for your prompt reply. January 13 would be best for me.
귀하의 빠른 응답에 감사드립니다. 1월 13일은 저에게 가장 좋을 것 같습니다.
Thank you for registering for the sixth annual conference at the Lakeview Hotel and Conference Center.
Lakeview 호텔과 회의장에서의 6주년 회의에 등록해 주셔서 감사합니다.
Thank you for promptly returning the paperwork relevant to your application.
귀하의 지원과 관련한 서류작업을 신속하게 되 돌려주셔서 감사합니다.
Thank you for inquiring about holding an annual event at the Grand Andre Hotel.
Grand Andre Hotel에서 연간 행사를 개최하시는 것에 대한 문의를 주셔서 감사합니다.
Thank you for interviewing with Haymond Design on December 5.
12월 5일에 Haymond Design과 면접을 보신 것에 대해 감사드립니다.
Thank you for sending me the revised budget for the Seoul International Film Festival.
Seoul International Film Festival에 대한 수정된 예산을 저에게 보내주셔서 감사합니다.
Thank you for your recent order of Tailor Publishing's How to Garden at Home*.
Tailor 출판사의 How to Garden at Home를 최근에 주문해 주셔서 감사 드립니다.

* 이탤릭체는 보통 작품의 제목(title)을 적을 때 쓰이지만, 작품제목 외에도 '강조', '외국어작품', '기술/학술적 용어', '배/기차/비행기/우주선 등의 이름'에 도 쓰인다. 다양한 사례 몇 개를 소개하겠다.

- 책 (*Pride and Prejudice*, *The Old Man and the Sea* 등)
- 잡지 (*Nature*, *The Economist*, *Vogue* 등)
- 신문 (*Wall Street Journal*, *New York Times*, *Washington Post* 등)
- 영화 (*Jurassic World*, *Avengers*, *Titanic* 등)
- 예술작품 (Pablo Picasso's *Guernica*, Van Gogh's *Sunflowers* 등)
- 방송프로그램, 음악 (*Top Gear*, *The Apprentice*, Bruno Mars' *Unorthodox Jukebox* 등)

KEY EXPRESSION ❷ ~해서 (감정)하게 생각합니다.

I(We) am(are) pleased / happy / regretful	to V
	that 주어 + 동사
~하게 되어 / ~한다는 사실에 '기쁘게 / 유감스럽게' 생각합니다.	

REAL! 꿀 표현

I am pleased that you will be joining Shanghai Mobile Ltd. on 1 July.

귀하께서 7월 1일자로 Shanghai Mobile 사에 합류하시게 되어 기쁘게 생각합니다.

We are delighted to inform you that you have been selected as a recipient of the Good Business Person Award this year.

귀하께서 올해 Good Business Person Award의 수상자로 선택되었음을 알리게 되어 기쁘게 생각합니다.

I am happy to report that the factory is able to manufacture the dining tables per our design specifications.

공장이 저희의 디자인 세부사항에 따라 식탁을 생산할 수 있게 되었다는 점을 알리게 되어 기쁘게 생각합니다.

We regret to inform you that you were not one of our short-listed applicants for the sales director position.

저희는 귀하께서 영업부장직으로 선별된 지원자들 중 하나가 아닌 점을 알리게 되어 유감으로 생각합니다.

I am regretful to inform you that the window frame you ordered is now out of stock.

귀하께서 주문하신 창문 틀이 현재 재고부족에 있음을 알리게 되어 유감스럽게 생각합니다.

It is with great pleasure that I welcome you to Micron Industries.

저는 Micron Industries에 합류하신 귀하를 환영하게 되어 큰 기쁨입니다.

KEY EXPRESSION ❸ ~에 대해 편지 드립니다.

I(We) am(are) writing (to you)	about
	regarding / concerning
	with regard to / in regard to / with respect to
	to V (~하기 위해)

~에 관해 (귀하께) 편지 드립니다.

REAL! 꿀 표현

I am writing about your request for reserving the grand hall at Thavorn Hotel on 10 October.
10월 10일 Thavorn Hotel에서의 그랜드홀을 예약하시려는 귀하의 요청에 대해 편지 드립니다.
I am writing regarding the order of promotional posters targeting your potential hotel guests.
저는 미래 호텔 손님들을 겨냥한 홍보용 포스터들의 주문에 대해 편지 드립니다.
We are writing to you concerning the event scheduled to be held at Carson Convention Center next week.
저희는 다음주 Carson Convention Center에서 열리기로 예정된 행사와 관련해서 편지 드립니다.
I am writing with respect to your recent order placed on 20 December.
12월 20일 귀하의 최근 주문에 대해 편지 드립니다.
We are writing in regard to the confirmation of your reservation made through our website.
저희 웹사이트를 통해 해 주신 귀하의 예약 확인과 관련해서 편지 드립니다.
I am writing to let you know that the shipment of uniforms will be late.
유니폼의 배송이 늦어지게 될 점을 알려 드리기 위해 편지 드립니다.

2-3 두번째 단락(내용부분) 작성요령

가능한 육하원칙에 맞춰 세부내용을 전달

도입부에서 편지의 의도와 목적을 전달하였으면 내용부분에서는 그와 관련한 디테일한 내용을 전달하는 것이 중요하다. 물론 의도, 목적에서 벗어나는 디테일은 피해야 하고 세부내용도 가능한 육하원칙에 맞춰서 작성하는 것이 좋다. 또한 편지에 첨부된 내용 등이 있다면 언급해 주는 것도 좋다.

KEY EXPRESSION ❶ 귀하께서 알다시피,

As you (may) know,	주어 + 동사 ~
As you are aware,	
귀하께서 알다시피,	

REAL! 꿀 표현

As you may know, there are two options of getting a refund or exchange for another item at the same price.
귀하께서 알다시피, 환불을 받으시거나, 같은 가격의 다른 물건으로 교환하시는 두 가지 선택이 있습니다.
As you may have known, the budget report was supposed to be submitted by last Monday.
귀하가 아셨겠지만, 그 예산 보고서는 지난 월요일까지 제출되어야 했습니다.
As you are aware, we are planning to expand into new markets such as China and India.
귀하께서 알다시피, 저희는 중국과 인도와 같은 새로운 시장으로 확장할 계획 중에 있습니다.
As you know, we are planning to expand into new markets such as China and India.
귀하께서 알다시피, 저희는 중국과 인도와 같은 새로운 시장으로 확장할 계획 중에 있습니다.

KEY EXPRESSION ❷ 첨부내용이 있을 경우

I have attached	+ 서류 등
Attached is	
서류 등을 첨부했습니다.	

REAL! 꿀 표현

I have attached an estimate for you to review, and it includes both the total price and tax.

저는 귀하께서 살펴보실 견적서를 첨부했고, 그것은 총 가격과 세금을 포함하고 있습니다.

Attached is the entire amount I spent during the last business trip.

지난 출장동안 제가 지출했던 전체 금액을 첨부했습니다.

I have made a few changes to the proceedings for the management meeting, and a revised agenda is attached.

저는 경영진 회의에 대한 회의록 몇 가지 변경을 했고, 수정된 안건은 첨부되었습니다.

To prepare, I have attached an article by an economist that covers recent trends in our field.

준비하기 위해서, 저는 저희 분야에서 최신 트렌드를 다루고 있는 경제학자에 의한 논문을 하나 첨부했습니다.

2-4 세번째 단락(마무리) 작성 요령

요청, 요구, 부탁사항을 정리

마무리에서는 수신인이 해줬으면 하는 요청, 요구, 부탁사항을 전달해야 한다. 물론 편지의 처음부터 요청, 요구 등을 언급하는 경우도 있지만 보통은 마무리하는 시점에서 요청, 요구를 언급하는 편이다. 요청, 요구, 부탁을 할 때도 너무 직설적으로 표현이 되지 않도록 하고 다음에서 언급되는 'Key Expression'을 잘 참고해서 활용해야 하겠다.

KEY EXPRESSION ❶

If you ~,	please ~
	It would be great (good).

~하시다면, ~해 주세요/좋을 것 같습니다.

REAL! 꿀 표현

If you would like further information about the convention, you can reach me at 21-565-4875.
귀하께서 그 회의에 대해서 추가적인 정보를 원하신다면, 저에게 21-565-4875로 연락주세요.
If you decide to attend the training session on Friday morning, please report the two hours under the code 1S.
귀하께서 금요일 오전 훈련과정에 참석하기로 결정하신다면, 1S코드로 그 2시간을 보고해 주세요.
If you could create a space on the website for customers to talk about any inconvenience, it would be great.
웹사이트에 고객들이 어떠한 불편에 대해서 언급할 수 있는 공간을 만들 수 있다면, 좋을 것 같습니다.
If there is anything you do not understand in the document, please do not hesitate to contact us with any questions.
서류에서 이해가 안되시는 어떤 것이라도 있다면, 저희에게 어떤 질문이라도 연락주세요. (연락하는 것을 망설이지 마세요.)
Feel free to contact me if you have any questions.
어떠한 질문이라도 있으시다면 저에게 부담없이 연락주세요.

미래상황에 대한 기대/희망

마무리하는 부분에서는 편지에서 드러낼 수 있는 감정을 다시 한번 표현할 수 있다. 대부분은 감사함, 기대감 그리고 사과의 내용을 적는다. 이 중에서도 차후에 일어날 상황에 대한 기대감을 적음으로써 정중함과 일어나길 바라는 일에 대한 기대를 보여준다.

~하길 희망/기대합니다.

I hope	(that) 주어 + 동사
I look forward to	Ving (동명사)
~하길 희망/기대합니다.	

REAL! 꿀 표현

I hope that you will come back with some good news for our team.
저는 귀하께서 저희 팀을 위해 어떤 좋은 소식을 가지고 돌아 오시길 희망합니다.
I hope we can find a mutually agreeable solution.
저는 우리가 상호적으로 합의할 수 있는 해결책을 찾을 수 있길 희망합니다.
I hope you can seize this opportunity to find new ways to work effectively.
저는 귀하께서 효과적으로 일할 수 있는 새로운 방법을 찾을 이 기회를 잡을 수 있길 희망합니다.
Good luck, and I hope you will enjoy working at Georgie.
행운을 빌고, 저는 귀하께서 Georgie에서 즐겁게 근무하시길 희망합니다.
I look forward to speaking with you at your earliest convenience.
저는 귀하가 편하실 때 대화를 나누길 기대합니다.
We are pleased to have you as a customer, and we look forward to hearing from you soon.
저희는 귀하를 고객으로 맞이하게 되어 기쁘게 생각하고, 곧 당신의 연락을 기대하겠습니다.
I look forward to working with you to collect data throughout the duration of the project.
저는 프로젝트 기간 동안 데이터를 수집하기 위해 귀하와 함께 근무하길 기대합니다.
We look forward to working alongside enthusiastic and committed team members like yourself.
저희는 귀하와 같은 열정적이고, 헌신적인 팀 멤버들과 함께 근무하길 기대합니다.

MEMO

글로벌 비즈니스 어학역량 평가 시험

G-TELP Business Writing Test
공식수험서

Chapter 3
비즈니스 이메일 상황별 실용표현

General Tests of English Language Proficiency

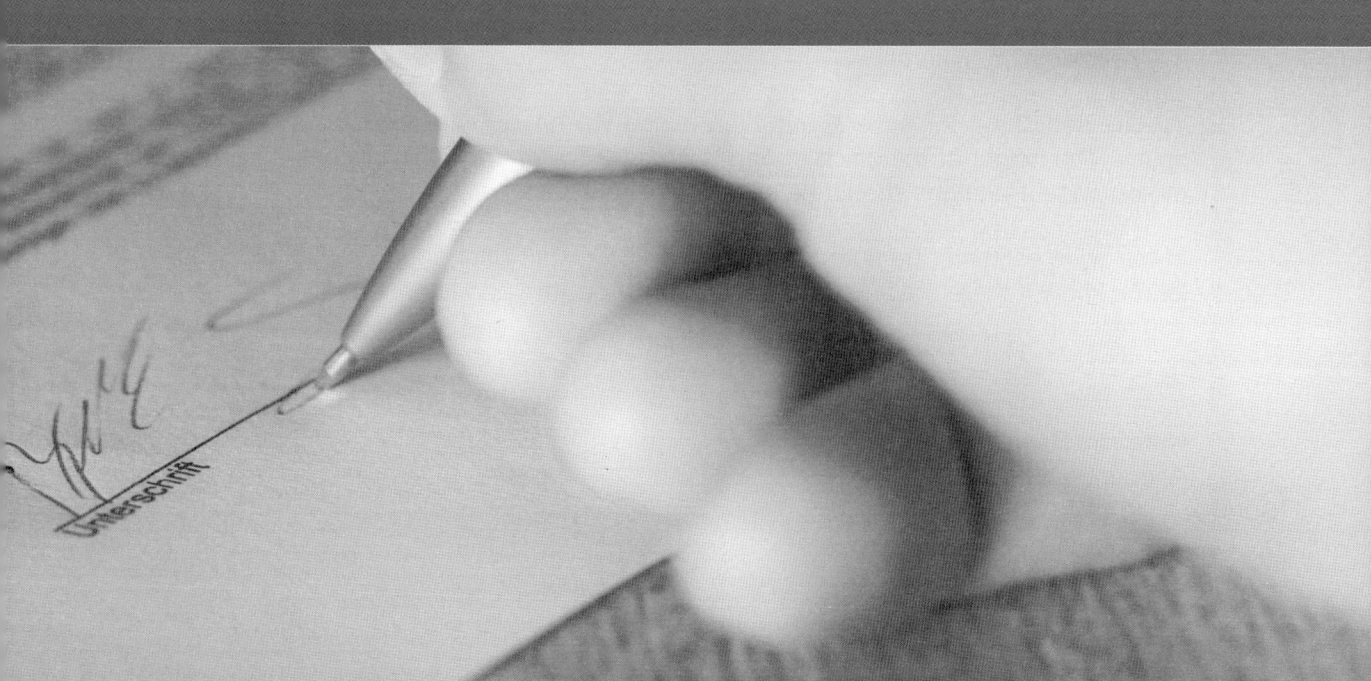

Chapter 3.

비즈니스 이메일 상황별 실용표현

G-TELP Business Writing시험에서는 상황이 주어지고 그 상황에 맞는 편지를 쓰는 것이 핵심이다. 그러므로 가능한 많은 상황을 경험하고, 그 상황에서 많이 쓰일 수 있는 실용적인 표현을 익히는 것은 고득점의 지름길이라고 할 수 있다. 물론 시험에서의 고득점 뿐만 아니라 실제 편지에서도 패턴화 된 표현들은 효율적이고 효과적인 의사전달을 할 수 있으므로 중요하다.

General Tests of English Language Proficiency

3-1 정보제공 요청

▶ 사무실 파티션 관련 정보요청

From: Nbanjara@accountingsolve.co.uk
To: Scott Interiors <customerservice@scottinteriors.com>
Date: March 7
Subject: Request for Price Estimates

To Whom It May Concern,

I saw your advertisement on office partitions in the local newspaper Ascot Herald dated March 5. I am writing to request price estimates, a brochure and information on a wider selection of items.

We are searching for several suppliers since we have just moved to a new office space. The height of the office ceiling is about 3 meters and the office is 200 square meters wide. Partitions should be installed by next week.

In the price estimate, be sure to include partitions that offer sound reduction. Please let me know if there are any other costs apart from the partitions. I hope to hear from you as soon as possible.

Sincerely,

Narendra Banjara
Accounting Solve Co. LLC

> **해석**

발신: nbanjara@accountingsolve.co.uk
수신: Scott Interiors <customerservice@scottinteriors.com>
날짜: 3월 7일
제목: 사무실 파티션 가격견적 요청

담당자께,

저는 3월 5일자 지역신문인 Ascot Herald에서 사무실 파티션에 대한 귀사의 광고를 보았습니다. 저는 가격 견적과 소책자 그리고 더 많은 종류의 상품들에 대한 정보를 요청하기 위해 편지를 드립니다.

저희는 새로운 사무실 공간으로 막 이사 왔기 때문에 다수의 공급업자들을 찾고 있는 중입니다. 사무실 천장 높이는 약 3미터 정도이고 사무실 넓이는 200평방미터입니다. 파티션은 다음 주까지는 설치가 되어야 할 것 같습니다.

가격 견적서에 방음을 제공하는 파티션을 반드시 포함시켜 주십시오. 파티션을 제외한 어떤 다른 비용들이라도 있다면 알려주십시오. 가능한 빨리 회신 받기를 바라겠습니다.

Narendra Banjara 올림
Accounting Solve Co. LLC

📝 Writing Summary

Introduction(도입부)	**편지를 쓰게 된 경위와 목적** 소책자, 가격견적, 더 많은 상품정보 요청
Body(내용부분)	**현 상황설명과 세부내용** 1. 현재 발신자(회사)가 어떤 상황에 있는지: 이사를 막 마무리함. 2. 파티션 설치사무실의 높이와 넓이에 대한 세부정보
Conclusion(마무리)	**요구사항과 희망사항** 1. 가격 견적서에 대한 구체적인 요구사항: 방음 파티션 고려 2. 다른 추가적인 비용에 대한 알림 3. 가능한 빠른 회신 희망

💡 MASTER! 레알 실용표현

---

1. I am writing to request ~

~를 요청하기 위해 편지 드립니다

도입부

★ I am writing to request a brochure, price estimate and information on a wider selection of items.
　→ 저는 가격 견적과 소책자 그리고 더 많은 종류의 상품들에 대한 정보를 요청하기 위해 편지를 드립니다.

---

2. We are searching for (looking for / seeking) ~

저희는 ~를 찾고 있는 중입니다

내용부분

★ We are searching for several suppliers since we have just moved to a new office space.
　→ 저희는 새로운 사무실 공간으로 막 이사 왔기 때문에 다수의 공급업자들을 찾고 있는 중입니다.

---

3. (Please) Let me know if ~

~인지 아닌지 알려주십시오.

마무리

★ Please let me know if there are any other costs apart from the partition itself.
　→ 파티션을 제외한 어떤 다른 비용들이라도 있다면 알려주십시오.

---

4. I hope to hear from you as soon as possible.
I look forward to hearing from you as soon as possible.

가능한 빨리 회신 받기를 희망합니다.

마무리

★ I hope to hear from you as soon as possible.
　→ 가능한 빨리 회신 받기를 바라겠습니다.

Vocabulary

advertisement on ~ : ~에 대한 광고
dated 날짜 : ~을 날짜로 하는
price estimate : 가격 견적서
a (wide/large 등) selection of ~ : 다양한 ~
search for : ~을 찾다
supplier : 공급업자
ceiling : 천장
sound reduction : 방음
apart from ~ : ~뿐만 아니라(제외하고)
as soon as possible : 가능한 빨리

 **사무실 책장 관련 정보요청**

From:	sujilee@brownbook.com
To:	jgivens<sales@oakfurniture.com>
Date:	November 14
Subject:	Queries about Bookshelves

Dear Mr. Givens,

I am Su-ji Lee, a head of Brown Bookstore. I am considering purchasing a large quantity of bookshelves from your business. The store will need them as soon as the current renovation has been completed.

I am looking for 10 standard wooden bookcases. They should be approximately eight feet high and twelve inches deep. Moreover, the space between shelves needs to be adjustable so that various kinds of books can fit.

Please send us a price list of products which meet the requirements. I am particularly concerned about the shipping date because bookshelves must be in place immediately after the renovation. I would appreciate it if you replied to my queries.

Best wishes,

Su-ji Lee
Brown Bookstore

> **해석**

발신:	sujilee@brownbook.com
수신:	jgivens\<sales@oakfurniture.com\>
날짜:	11월 14일
제목:	책장에 대한 질문들

Givens 씨 께,

저는 Brown Bookstore의 점장인 Su-ji Lee입니다. 저는 귀사에서 다량의 책장을 구매하는 것을 고려하고 있습니다. 서점이 현재 리모델링이 완료되자 마자 책장들을 필요로 할 것 같습니다.

저는 10개의 표준형의 나무 책장을 찾고 있는 중입니다. 그것들은 약 8 피트 높이에 12인치 깊이 정도 되어야 할 것 같습니다. 뿐만 아니라 선반 사이에 공간은 다양한 종류의 책들에 맞춰질 수 있기 위해서 조정 가능할 수 있어야 할 것 같습니다.

요구사항을 충족하는 제품들의 가격목록을 저에게 보내주십시오. 저는 책장들이 리모델링 바로 직후에 준비되어야 하기 때문에 배송일자에 대해서 특히나 신경 쓰고 있습니다. 저의 질문들에 답변 주시면 감사하겠습니다.

이수지 올림
Brown Bookstore

📝 Writing Summary

Introduction(도입부)	**본인 소개와 편지를 쓰는 목적** 1. 본인 소개 2. 편지의 목적: 다량의 책장구매 고려 3. 현재 상황: 서점이 리모델링 진행 중
Body(내용부분)	**세부내용** 1. 구매 고려 책장의 수 2. 높이, 깊이, 선반의 종류에 대한 세부정보
Conclusion(마무리)	**요구사항과 희망사항** 1. 가격목록 요구: 요구사항을 충족하는 제품 기준 2. 배송일자가 중요하다는 점을 강조 3. 회신 희망

💡 **MASTER!** 레알 실용표현

---

1. I am 발신자 이름, 직책 of 소속

저는 ○○○소속의 ○○○인 Su-ji Lee입니다

도입부

★ I am Su-ji Lee, a head of Brown Bookstore.
→ 저는 Brown Bookstore의 점장인 Su-ji Lee입니다.

---

2. 주어 needs to ~ so that 주어 can ~

~가 할 수 있기 위해서 ~가 ~할 필요가 있습니다

내용부분

★ The space between shelves needs to be adjustable so that various kinds of books can fit.
→ 선반 사이에 공간은 다양한 종류의 책들에 맞춰질 수 있기 위해서 조정 가능할 수 있어야 할 것 같습니다.

---

3. I am particularly concerned about ~

저는 특히나 ~에 대해서 신경 쓰고 있습니다

마무리

★ I am particularly concerned about the shipping date.
→ 저는 배송일자에 대해서 특히나 신경 쓰고 있습니다.

---

4. I would appreciate it if you 과거시제 / could V ~

귀하께서 ~해 주신다면 감사할 것 같습니다

마무리

★ I would appreciate it if you replied to my queries.
→ 저의 질문들에 답변 주시면 감사하겠습니다.

 Vocabulary

a large quantity of ~ : 대량의 ~
wooden bookcase : 나무(로 만들어진) 책장
approximately : 대략
adjustable : 조정(조절)할 수 있는
fit : 맞다 (보통 자동사로 쓰임)
price list : 가격목록
shipping date : 배송날짜
in place : 제자리의, 준비된
immediately after ~ : ~한 바로 직 후
query : 질의, 질문

3-2 문의에 대한 답변

 책상주문에 대한 문의 답변

From: Jane Kwon<jkwon@kfurniture.co.kr>
To: Pena Gonzales<pgonz@hcd.co.kr>
Date: August 16
Subject: Recommendation for an Office Desk

Dear Mr. Gonzales,

Thank you for your interest in our office furniture. Kent Furniture has a reputation for high quality office furniture in Busan. We carry only the best furniture that suits your company's needs.

As per your request, I have attached a price list of office desks. Because your requirements are a normal style with drawers, I recommend Paxon Computer Desk (FOD-21). It costs $110 and there are three colors: black, gray and white. The shipping cost will be $20, which will be waived for an order of 10 or more desks.

Delivery normally takes 5 to 6 business days. If you have further questions, please feel free to contact me at this e-mail address. I look forward to serving you in the near future.

Sincerely,

Jane Kwon
Kent Furniture

> **해석**
>
> | | |
> |---|---|
> | 발신: | Jane Kwon<jkwon@kfurniture.co.kr> |
> | 수신: | Pena Gonzales<pgonz@hcd.co.kr> |
> | 날짜: | 8월 16일 |
> | 제목: | 사무실 책상 추천 |
>
> Gonzales 씨께,
>
> 저희 사무가구에 대해 관심 가져 주셔서 감사합니다. Kent Furniture는 Busan에서 고품질 사무가구에 대한 명성을 가지고 있습니다. 저희는 귀사의 수요에 적합한 최고의 가구만을 취급합니다.
>
> 귀하의 요청에 따라 저는 사무 책상의 가격목록을 첨부했습니다. 귀하의 요구사항이 일반적인 디자인과 서랍장이기 때문에 저는 Paxon Computer Desk (FOD-21)을 추천 드립니다. 가격은 $110이고 검정, 회색, 하얀색의 세 가지 색상이 있습니다. 배송비는 $20가 될 것이지만 10개 이상의 책상 주문에 대해서는 면제가 될 것입니다.
>
> 배송은 보통 영업일 기준으로 5~6일이 걸립니다. 만약 귀하께서 추가적인 질문이 있으시다면, 이 이메일 주소로 저에게 부담 없이 연락 주십시오. 저는 가까운 시일 내에 귀사에 상품을 제공할 수 있길 기대합니다.
>
> 권제인 올림
> Kent Furniture

📋 Writing Summary

Introduction(도입부)	**감사표현과 회사소개(장점)** 1. 관심에 대한 감사표현 2. 회사소개: 고품질 사무가구에 대한 명성
Body(내용부분)	**세부내용** 1. 요청한 사항에 대한 이행: 가격목록 첨부 2. 상품추천과 상품에 대한 특징(features) 3. 배송비와 배송비 면제 조건설명
Conclusion(마무리)	**요구사항과 희망사항** 1. 추가질문을 하는 방법 2. 장래에 서비스를 제공하길 원한다는 희망 언급

💡 MASTER! 레알 실용표현

---

1. Thank you for your interest in our ~

저희 ~에 대해 관심 가져 주셔서 감사합니다

도입부

★ Thank you for your interest in our office furniture.
→ 저희 사무가구에 대해 관심 가져 주셔서 감사합니다.

---

2. We have a (high/excellent) reputation for (이유)

저희는 ~에 대해 훌륭한 명성을 가지고 있습니다

도입부

★ Kent Furniture has a reputation for high quality office furniture in Busan.
→ Kent Furniture는 Busan에서 고품질 사무가구에 대한 명성을 가지고 있습니다.

---

3. As per your request, I have attached ~

귀하의 요청에 따라, 저는 ~을 첨부했습니다

내용부분

★ As per your request, I have attached a price list of office desks.
→ 귀하의 요청에 따라 저는 사무 책상의 가격목록을 첨부했습니다.

---

4. Delivery (normally/usually) takes 기간 (days/weeks)

배송은 보통 기간(~일/~주) 걸립니다

마무리

★ Delivery normally takes 5 to 6 business days.
→ 배송은 보통 영업일 기준으로 5~6일이 걸립니다.

5. If you have (any/further) questions, feel free to ~

만약 (어떠한/추가적인) 질문이 있으시면, 부담 없이 ~ 하십시오

마무리

★ If you have further questions, please feel free to contact me at this e-mail address.
→ 만약 귀하께서 추가적인 질문이 있으시다면 이 이메일 주소로 저에게 부담 없이 연락 주십시오.

Vocabulary

reputation for ~ : ~에 대한 명성
suit the needs : 수요를 충족시키다
As per : ~에 따라
attach : 첨부하다
waive : 면제하다
business day : 영업일
further : 추가적인
feel free to V : 부담 없이 ~하다

대회의장 예약 대한 문의 답변

From:	Chris Wong<cwong@xioconvention.com>
To:	Eva Harold<evaharold@topproperties.com>
Date:	May 2
Subject:	Response to Your Booking Inquiry

Dear Ms. Harold,

Greetings from Xio Convention Tower.

Thank you for contacting the Xio Convention Tower. Our tower is conveniently located in downtown Shanghai. I am writing to answer your inquiry.

The Dragon Grand Hall, which can accommodate 200 people, is available on the date you requested (Fri, May 29, 3:00 p.m.). The hall can be set up for a banquet and presentations for 200 guests. The rate will be $5,000 for six hours. We can also provide a complimentary shuttle service from the nearest airport for the attendees.

The hall is equipped with multimedia devices such as microphones, speakers, projectors, screens and an Internet connection. If you need any other equipment, you can request it in advance. For more information, do not hesitate to contact me. Thank you for your consideration.

Sincerely,

Chris Wong
Event Coordinator
Xio Convention Tower

> **해석**

발신:	Chris Wong
수신:	Eva Harold
날짜:	5월 2일
제목:	예약 문의에 대한 답변

Harold 씨께,

Xio Convention Tower에서 인사 드립니다.

Xio Convention Tower에 연락 주셔서 감사합니다. 저희 건물은 Shanghai 중심가에 편리하게 위치하고 있습니다. 저는 귀하의 예약 문의에 답변 드리기 위해 편지 드립니다.

200명을 수용할 수 있는 Dragon 그랜드홀은 귀하가 요청하신 날짜 (5월 29일 금요일 오후 3시)에 이용 가능합니다. 그 홀은 200명의 손님을 위한 만찬과 프레젠테이션을 위해 준비될 것입니다. 가격은 6시간 이용하시는 데 5,000달러가 될 것입니다. 저희는 또한 참석자들을 위해 가장 가까운 공항에서 무료 셔틀을 제공할 수도 있습니다.

그 홀은 마이크, 스피커, 프로젝터, 스크린 그리고 인터넷접속과 같은 멀티미디어 기기들이 갖춰져 있습니다. 다른 기기가 필요하시다면 사전에 요청하실 수 있습니다. 더 많은 정보를 위해서는 주저 마시고 저에게 연락 주십시오. 귀하의 고려에 감사 드립니다.

Chris Wong 올림
행사 코디네이터
Xio Convention Tower

Writing Summary

Introduction(도입부)	**감사표현과 장소의 위치** 1. 연락에 대한 감사표현 2. 장소의 위치: Shanghai 중심가 (편리함 강조)
Body(내용부분)	**세부내용** 1. 200명 수용 가능한 대회의장의 이용가능 2. 가격과 포함 내용: 장소대여 및 만찬 3. 추가서비스: 무료 셔틀서비스 제공

Conclusion(마무리)	내부기기 설명과 추가정보 얻는 법 1. 내부기기: 멀티미디어 기기 설치 2. 추가정보에 대해 발신자에게 직접 연락

💡 MASTER! 레알 실용표현

1. Greetings from ~

~에서 인사 드립니다

도입부

★ Greetings from Xio Convention Tower.
  → Xio Convention Tower에서 인사 드립니다.

2. OOO is conveniently located ~

OOO은 편리하게 ~에 위치하고 있습니다

도입부

★ Our tower is conveniently located in downtown Shanghai.
  → 저희 건물은 Shanghai 중심가에 편리하게 위치하고 있습니다.

3. OOO is available on the date you requested

귀하가 요청한 날짜에 OOO은 이용 가능하십니다

내용부분

★ The Dragon Grand Hall, which can accommodate 200 people, is available on the date you requested (Fri, May 29, 3:00 p.m.).
  → 200명을 수용할 수 있는 Dragon 그랜드홀이 귀하가 요청하신 날짜 (5월 29일 금요일 오후 3시)에 이용 가능합니다.

4. We provide a complimentary OOO for ~

저희는 무료 OOO을 ~에게 제공합니다

내용부분

★ We can also provide a complimentary shuttle service for every participant from the nearest airport for the attendees.
→ 저희는 또한 참석자들을 위해 가장 가까운 공항에서 무료 셔틀을 제공할 수도 있습니다.

5. OOO is (well) equipped with ~

OOO은 ~로 (잘) 갖춰져 있습니다

마무리

★ The hall is equipped with multimedia devices such as microphones, speakers, projectors, screens and an Internet connection.
→ 그 홀은 마이크, 스피커, 프로젝터, 스크린 그리고 인터넷접속과 같은 멀티미디어 기기들이 갖춰져 있습니다.

6. For more information, do not hesitate to ~

더 많은 정보를 위해 주저 없이 ~해 주십시오

마무리

★ For more information, do not hesitate to contact me.
→ 더 많은 정보를 위해서는 주저 마시고 저에게 연락 주십시오.

Vocabulary

conveniently located: 편리하게 위치한
accommodate: 수용하다
set up: 설치하다, 준비하다
complimentary: 무료의
attendee: 참석자
device: 기기, 장비

inquiry (about): 질문, 질의
at once: 한번에, 동시에
rate: (보통 호텔, 서비스 등) 비용, 비율
nearest: 가장 가까운
be equipped with ~: ~을 갖추다
hesitate (to V): ~하는 것을 망설이다

3-3 흥미 표현

 채용광고에 대한 흥미(지원)

From: Hyun-cheol Choi<hcchoi11@giomail.com>
To: Vanessa McCain<vanemccain@artgraphic.co.ca>
Date: February 22
Subject: Application for Graphic Designer Position

Dear Ms. McCain,

I saw a job advertisement for the graphic designer position in the local newspaper dated February 20. I am writing to apply for the position at Art Graphic Printing.

I graduated from Victoria Art and Design School (VADS) this year with a degree in visual design and served as an intern at London based design firm Great Design. I am trilingual (English, Chinese, Korean) and willing to relocate for work. Additionally, I have a strong work ethic and am passionate about various design projects. I hope you will offer me the opportunity to interview with you.

Please find my resume attached for your consideration. I am confident that I would make a successful addition to the design team. I look forward to hearing from you.

Sincerely,

Hyun-cheol Choi

> 해석

발신:	최현철
수신:	Vanessa McCain
날짜:	2월 22일
제목:	그래픽 디자인 직에 대한 지원

McCain 씨께

저는 2월 20일 자 지역신문에서 그래픽 디자이너 직에 대한 광고를 보았습니다. 저는 Art Graphic Printing의 그 직책에 지원하기 위해 편지를 드립니다.

저는 시각 디자인 학위를 가지고 작년 Victoria Art and Design School (VADS)를 졸업했고, London에 있는 디자인 회사인 Great Design에서 인턴으로 일했습니다. 저는 영어, 중국어, 한국어 세 개 국어를 할 수 있고 근무를 위해서 이사를 할 의향도 있습니다. 더불어 저는 강력한 직업 윤리를 가지고 있으며 다양한 디자인 업무들에 대해 열정을 가지고 있습니다. 저는 귀하께서 면접을 볼 기회를 제공해 주시 길 희망합니다.

고려를 위해 첨부된 저의 이력서를 보시기 바랍니다. 저는 디자인 팀에 성공적인 합류를 할 수 있을 것으로 자신합니다. 회신 받기를 바라겠습니다.

최현철 올림

📝 Writing Summary

Introduction(도입부)	**연락 경위와 편지의 목적** 1. 그래픽 디자이너 채용공고 2. 편지의 목적: 그 직책에 대한 흥미(지원)
Body(내용부분)	**세부내용(자격요건)** 1. 학위와 직업경력(인턴) 언급 2. 자격요건(3중언어)과 이사에 대한 의향 표현 3. 직업 윤리와 근무 열정 언급
Conclusion(마무리)	**첨부내용 및 자신감 피력** 1. 첨부된 이력서 언급 2. 성공적인 합류가 될 수 있다는 자신감

💡 MASTER! 레알 실용표현

---

1. I saw OOO in the newspaper dated 날짜

저는 ~자 신문에서 OOO을 보았습니다

도입부

★ I saw a job advertisement for the graphic designer position in the local newspaper dated February 20.
  → 저는 2월 20일 자 지역신문에서 그래픽 디자이너 직에 대한 광고를 보았습니다.

---

2. I graduated from 학교 with a (bachelor / master / doctorate) degree in ~

저는 ~에 (학사/석사/박사) 학위를 가지고 OOO을 졸업했습니다

내용부분

★ I graduated from Victoria Art and Design School (VADS) this year with a degree in visual design.
  → 저는 시각 디자인 학위를 가지고 작년 Victoria Art and Design School (VADS)를 졸업했습니다.

---

3. I serve as 직책 at 회사

저는 OOO회사에서 ~으로서 근무합니다

내용부분

★ I served as an intern at London based design firm Great Design.
  → 저는 London에 있는 디자인 회사인 Great Design에서 인턴으로 일했습니다.

---

4. I am willing to ~

저는 ~할 의향이 있습니다

내용부분

★ I am willing to relocate for work.
  → 저는 근무를 위해서 이사를 할 의향도 있습니다.

5. Please find my resume attached for ~

~를 위해 첨부된 저의 이력서를 보시기 바랍니다.

마무리

★ Please find my resume attached for your consideration
→ 고려를 위해 첨부된 저의 이력서를 보시기 바랍니다.

6. I am confident that S (will/would) V ~

저는 ~가 ~할 것으로 자신합니다

마무리

★ I am confident that I would make a successful addition to your design team.
→ 저는 디자인 팀에 성공적인 합류를 할 수 있을 것으로 자신합니다.

Vocabulary

job advertisement: 채용공고
apply for ~ : ~에 지원하다
graduate from ~ : ~를 졸업하다
serve as ~ : ~로서 근무하다
trilingual: 세 개국어를 하는
willing to V: ~할 의향(의지)가 있는
relocate: 이전하다
work ethic: 직업 윤리
passionate about ~ : ~에 대해 열정 있는
opportunity (to V): ~할 기회
addition to ~ : ~에 더함, 합류

훈련과정(수업)에 대한 흥미(지원)

From:	Gabrielle Rowland<r.gabrielle@aurora.com>
To:	Graham Lorenzo<lorenzogra@btctech.com>
Date:	June 21
Subject:	Queries about Next IT Training Course

Dear Mr. Lorenzo,

I recently read an article with regards to an IT training course which BTC Tech is offering. Because the course is closely related to my current job, I am interested in taking it.

According to the article, the course will run for three months starting next month, and will focus on cutting-edge Big Data analytics and practical application development. I am wondering how many times the session will be held in a week. Moreover, is it possible that BTC Tech will offer discounts for a group as I am considering participating with five more co-workers?

The course will certainly improve my job qualifications to a substantial extent. Unless it conflicts with my work schedule, I am eager to register for it. I hope you will reply to this as soon as possible.

Best wishes,

Gabrielle Rowland

> 해석

발신:	Gabrielle Rowland
수신:	Graham Lorenzo
날짜:	6월 21일
제목:	다음 IT 훈련과정에 대한 질의

Lorenzo 씨께

저는 BTC Tech 제공하는 IT 훈련 과정에 대한 기수를 최근에 읽게 되었습니다. 그 과정이 현재 저의 직업과 관련 있기 때문에 저는 그것을 듣는데 관심이 있습니다.

기사에 따르면, 그 과정은 최신 Big Data 분석과 실질적인 응용프로그램 개발에 포커스를 맞출 예정이며, 다음 달부터 세 달 간 진행될 것이라고 합니다. 저는 일주일에 수업이 얼마나 자주 진행되는지 궁금합니다. 뿐만 아니라, 제가 다섯명의 동료들과 함께 참석하는 것을 고려 중인데, BTC Tech는 그룹에 대한 할인이 제공되는 것이 가능한지요?

이 과정은 상당히 저의 직업적 자격을 향상시켜 줄 것으로 확신합니다. 그것이 저의 근무일정과 겹치지 않는다면 등록하고 싶은 마음입니다. 저는 귀하께서 가능한 빨리 회신 주시 길 바라겠습니다.

Gabrielle Rowland 올림

Writing Summary

Introduction(도입부)	**연락 경위와 편지의 목적** 1. 최근 신문기사 읽음: IT 훈련 과정 2. 편지의 목적: 흥미를 표현, 몇 가지 질문
Body(내용부분)	**세부내용** 1. 과정에 대한 구체적인 내용(contents)확인 2. 질문: 1) 일주일에 진행횟수 2) 그룹할인 제공여부
Conclusion(마무리)	**첨부내용 및 자신감 피력** 1. 수업이 장래에 미칠 긍정적인 예상 2. 등록에 대한 흥미 재차 표현

💡 MASTER! 레알 실용표현

---

1. I read an (news) article with regards to ~

~에 대한 신문기사를 읽었습니다.

도입부

★ I recently read an article with regards to an IT training course which BTC Tech is offering.
→ 저는 BTC Tech 제공하는 IT 훈련 과정에 대한 기수를 최근에 읽게 되었습니다.

---

2. I am interested in Ving ~

저는 ~하는데 관심이 있습니다

도입부

★ Because the course is closely related to my current job, I am interested in taking it.
→ 그 과정이 현재 저의 직업과 밀접하게 관련이 있기 때문에 저는 그것을 듣는데 관심이 있습니다.

---

3. According to ~, S V

~에 따르면(근거제시)

내용부분

★ According to the article, the course will run for three months starting next month, and will focus on cutting-edge Big Data analytics and practical application development.
→ 기사에 따르면, 그 과정은 최신 Big Data 분석과 실질적인 응용프로그램 개발에 포커스를 맞출 예정이며, 다음 달부터 세 달간 진행될 것이라고 합니다.

4. I am wondering (whether ~ / 의문사 ~)

~하는지에 대해 궁금합니다

내용부분

★ I am wondering how many times the session will be held in a week.
→ 저는 일주일에 수업이 얼마나 자주 진행되는지 궁금합니다.

5. Unless S conflicts with ~, S V

(주어)가 ~와 충돌하지만 않는다면,

마무리

★ Unless it conflicts with my work schedule, I am eager to register for it.
→ 그것이 저의 근무일정과 겹치지 않는다면 등록하고 싶은 마음입니다.

Vocabulary

recently: 최근에
with regard(s) to ~: ~에 대해 (=about)
closely related to ~: ~에 밀접하게 관련된
according to ~: ~에 따르면
cutting-edge: 최신의
practical: 실질적인
wonder: 궁금해 하다
consider Ving: ~하는 것을 고려하다
job qualification: 직업 자격
conflict: 충돌, 충돌하다(+with)
be eager to V: ~하는데 열망이 있다

3-4 제품, 서비스 등의 홍보

 음식배달 어플리케이션의 홍보

From: Wings Food<customers@wingsfood.com>
To: Diana Joyce<diajoyce@bright.co.kr>
Date: March 15
Subject: New Food Delivery Service

Dear Ms. Joyce,

Greetings from Wings Food Group

Wings Food is the latest food delivery application in the city of Seoul. If you order by mobile phone, Winds Food will get the food to your door from our partner restaurants or supermarkets.

First, simply download the Wings Food app to use our convenient service. After registering for membership, please choose from restaurants or supermarkets within the city limits. Estimated delivery time will be listed with each business.

You can get a 10% discount on the first order by entering the promotional code you receive when you sign up. Delivery rates start from $10 and will be applied to eligible orders of $30 or more.

Get your order delivered today!

Sincerely,

Wings Food

> 해석

발신:	Wings Food
수신:	Diana Joyce
날짜:	3월 15일
제목:	새로운 음식 배달 서비스

Joyce 씨께

Wings Food Group에서 인사 드립니다.

Wings Food는 서울에서 가장 새로운 음식 배달 어플리케이션(응용프로그램)입니다. 귀하께서 휴대폰으로 주문하면, Wings Food는 파트너쉽을 맺고 있는 식당이나 슈퍼마켓에서 귀하의 집으로 음식을 가져다 줄 것입니다.

우선 저희의 편리한 서비스를 이용하기 위해 Wings Food 어플리케이션을 다운로드하시기만 하면 됩니다. 회원가입 후, 서울시 내에 있는 식당이나 슈퍼마켓을 고르시기만 하면 됩니다. 예상 배송 시간은 각 업체별로 기재되어 있을 것입니다.

가입 시 받은 프로모션 코드를 입력하시면 첫 주문 시 10%의 할인을 받을 수 있습니다. 배송료는 $10달러이며 $30이상 주문에 적용 될 것입니다.

오늘 귀하의 음식을 배달시켜 보세요!

Wings Food

Writing Summary

Introduction(도입부)	**발신 업체와 상품의 설명** 1. 발신업체의 설명: 가장 최신 음식배달 어플리케이션 2. 상품의 기능: 휴대폰으로 음식배달을 집으로
Body(내용부분)	**세부내용** 1. 서비스를 이용하는 방법1: 어플리케이션 다운로드 2. 서비스를 이용하는 방법2: 서울시 내에 업체선택 3. 서비스를 이용하는 방법3: 예상 배송시간 기재
Conclusion(마무리)	**특별제안(첫 주문할인) 및 요금 안내** 1. 첫 주문 시 10% 할인 (introductory offer) 2. 요금안내: 배송료 ($10) + 주문 ($30이상 가능)

💡 MASTER! 레알 실용표현

1. S get(/bring/take) A to ~
S가 A를 ~에게 가져다 주다

도입부

★ Wings Food will get the food to your door from our partner restaurants or supermarkets.
→ 귀하께서 휴대폰으로 주문하면, Wings Food는 파트너쉽을 맺고 있는 식당이나 슈퍼마켓에서 귀하의 집으로 음식을 가져다 줄 것입니다.

2. Simply 명령문
~하시기만 하면 됩니다

내용부분

★ First, simply download the Wings Food app to use our convenient service.
→ 우선 저희의 편리한 서비스를 이용하기 위해 Wings Food 어플리케이션을 다운로드하시기만 하면 됩니다.

3. S will be listed in / at / on / with~
S는 ~에 기재(작성)될 것입니다

내용부분

★ Estimated delivery time will be listed with each business.
→ 예상 배송 시간은 각 업체별로 기재되어 있을 것입니다.

4. You can get a 00% discount on ~
귀하께서는 ~에 대해 00% 할인을 받을 수 있습니다

> **마무리**

★ You can get a 10% discount on the first order by entering the promotional code you receive when you sign up.
→ 가입 시 받은 프로모션 코드를 입력하시면 첫 주문 시 10%의 할인을 받을 수 있습니다.

5. The 000 rate starts from(at) 금액
000요금은 (금액) 부터입니다

> **마무리**

★ Delivery rates start from $10.
→ 배송료는 $10부터입니다.

📋 Vocabulary

latest: 최신의, 가장 새로운
register for ~: ~에 등록하다
choose from ~: ~에서 선택하다
within the city limit: 도시 내에
estimated: 예상된
list: 목록, (목록으로) 작성(/기재)하다
promotional: 홍보의
sign up (for ~): (~에) 등록/가입하다
delivery rate: 배송료

여행사 특별행사의 홍보

From: Travel Paradise<promotion@travelparadise.com>
To: Alison Jeong<Jeong@gkmail.com>
Date: April 10
Subject: Save $100 on Your Companion Fare

Dear Ms. Jeong,

Greetings from Travel Paradise.

Travel Paradise has been in business for over 30 years in Hong Kong. We always place top priority on customer satisfaction and reasonable prices. As a former customer, you do not want to miss our latest offer.

You will save up to $100 on companion fares all season long from June 1 to August 31. This offer will apply only to one companion fare and flights within Asia. In order to take advantage of this, you must book your flight by 10 May.

If you want to be informed of all future discounts and offerings, please join our Loyal Member Club. Visit our Web site today at www.travelparadise.com to book your hotel and car as well.

Get ready for a fantastic holiday with us!

Best regards,

Travel Paradise

> 해석

발신:	Travel Paradise
수신:	Alison Jeong
날짜:	4월 10일
제목:	동승자요금을 $100 절약하세요

Jeong씨께

Travel Paradise에서 인사 드립니다.

Travel Paradise는 Hong Kong에서 30년 넘게 운영을 해 왔습니다. 저희는 항상 고객만족과 합리적인 가격을 최우선으로 생각합니다. 이전 고객으로서 귀하께서는 저희 최신 제안을 놓치고 싶지 않으실 겁니다.

귀하께서는 6월 1일부터 8월 31일까지 이 기간 내내 동반자 요금을 최대 $100까지 절약할 수 있을 것입니다. 이 제안은 한 명의 동승자와 아시아 내 항공편에만 적용될 것입니다. 이 제안을 이용하시기 위해서는 귀하께서 5월 10일까지 항공편을 예약해야만 합니다.

귀하께서 향후 할인과 상품들에 대해서 공지 받기를 원하신다면, 저희 Loyal Member 클럽에 가입하십시오. 오늘 저희 웹사이트인 www.travelparadise.com을 방문하셔서 호텔과 자동차도 역시 예약하십시오.

저희와 함께 환상적인 휴일을 준비하세요

Travel Paradise

Writing Summary

Introduction(도입부)	**발신업체의 설명과 편지의 목적** 1. 발신업체의 설명: 30년간 홍콩에서 사업운영(중견) 2. 업체의 우선순위: 고객만족과 합리적 가격 2. 최신 제안(latest offer)을 알리기 위해 편지발송
Body(내용부분)	**세부내용: 제안의 구체적인 내용, 범위, 이용방법** 1. 제안의 내용: 동승자요금의 최대 $100 할인 2. 제안의 범위: 한 명의 동승자 + 아시아 내 항공편 3. 이용방법: 5월 10일까지 예약

Conclusion(마무리)	고객제안 및 추가예약 안내
	1. Loyal Customer 클럽가입 제안: 최신정보 습득
	2. 호텔과 자동차 예약하는 법 안내

💡 MASTER! 레알 실용표현

1. S has(have) been in business for 기간

S는 ~동안 운영을 해 왔습니다

도입부

★ Travel Paradise has been in business for over 30 years in Hong Kong.
→ Travel Paradise는 Hong Kong에서 30년 넘게 운영을 해 왔습니다.

2. We place top priority on ~

저희는 ~를 최우선으로 생각합니다

도입부

★ We always place top priority on customer satisfaction and reasonable prices.
→ 저희는 항상 고객만족과 합리적인 가격을 최우선으로 생각합니다.

3. You do not want to miss ~

귀하께서는 ~를 놓치고 싶지 않을 겁니다

도입부

★ As a former customer, you do not want to miss our latest offer.
→ 이전 고객으로서 귀하께서는 저희의 최신 제안(상품)을 놓치고 싶지 않으실 겁니다.

4. This offer applies (only) to ~

이 제안은 ~에(만) 적용됩니다

내용부분

★ This offer applies only to one companion fare and flights within Asia.
   → 이 제안은 한 명의 동승자와 아시아 내 항공편에만 적용될 것입니다.

---

5. In order to take advantage of ~, you must V~

~을 이용하시기 위해서, ~해야만 합니다.

내용부분

★ In order to take advantage of this, you must book your flight by 10 May.
   → 이 제안을 이용하시기 위해서는 귀하께서 5월 10일까지 항공편을 예약해야만 합니다.

---

6. If you want to be informed of ~,

~에 대해서 공지 받기를 원하신다면,

마무리

★ If you want to be informed of all future discounts and offerings, please join our Loyal Member Club.
   → 귀하께서 향후 할인과 상품들에 대해서 공지 받기를 원하신다면, 저희 Loyal Member 클럽에 가입하십시오.

Vocabulary

place top priority : 최우선으로 생각하다
reasonable : 합리적인, 저렴한
companion : 동승자, 동반자
take advantage of ~ : ~를 이용하다
loyal : 충성심 있는

customer satisfaction : 고객만족
latest : 최신의
fare : (교통수단의) 요금
offerings : (제공하는) 상품, 제품

3-5 사과 및 오해 해소

 헤드폰(제품)문제에 대한 응답

From: William Author<wauthor@weberelectronics.com>
To: Lukas Smith<lukas88@zengames.co.uk>
Date: September 31
Subject: Response to Your Recent Concerns

Dear Mr. Smith,

We appreciate your informing us of the problems you experienced with your Megasound X17 headphones. Because we strive to provide the best quality product possible, we take this issue very seriously.

Since you purchased your product, we have improved the Megasound X17 model significantly. Now, three updated models are on the market. One of these improved models will be delivered to you by next week. We assure you that the new headphones will allow you to enjoy high quality sound and active noise control. If you are still not satisfied with the item, we will refund all of your money by calling 102-445-3839.

With further questions or concerns, please feel free to contact me directly. Once again, I would like to apologize for any inconvenience caused, and thank you for purchasing Weber's products.

Sincerely,

William Author
Customer Service Director
Weber Electronics

> **해석**

발신:	William Author
수신:	Lukas Smith
날짜:	9월 31일
제목:	귀하의 최근 우려에 대한 답장

Smith 씨께,

저희는 귀하께서 저희에게 Megasound X17 헤드폰에 대해 경험하셨던 문제들을 알려주신 점에 대해 감사 드립니다. 저희는 가능한 최고 품질의 상품을 제공하려고 노력하기 때문에 이 사항을 아주 심각하게 받아들입니다.

귀하께서 제품을 구매하신 이후로, 저희는 Megasound X17 모델을 상당히 향상시켰습니다. 현재 세 개의 향상된 모델이 시중에 있습니다. 이 향상된 모델 중 하나를 다음주까지 귀하께 보내 드릴 것입니다. 저희는 귀하께 새로운 헤드폰이 고품질의 소리와 소음제거를 즐기실 수 있게 해드릴 거라고 보장합니다. 만약 그 제품에 대해 여전히 만족하지 못하신다면, 102-445-3839로 전화 주시면 전액 환불해 드리겠습니다.

추가적인 질문이나 우려사항에 대해서는 저에게 부담 없이 직접 연락 주십시오. 다시 한번 저는 유발된 불편함에 대해 사과를 드리고 싶고, Weber 제품들을 구매해 주셔서 감사 드리고 싶습니다.

William Author 올림
고객서비스 부장
Weber Electronics

📝 Writing Summary

Introduction(도입부)	**문제공유에 대한 감사와 사안의 심각함 인지** 1. 제품 문제점 공유 감사: Megasound 헤드폰의 문제점 인지 2. 사안의 심각함 인지: 최고품질을 위한 노력과 진지한 문제인식
Body(내용부분)	**세부내용: 문제해결 및 교환/환불 조건 제시** 1. 문제해결(상황): 구매제품의 업그레이드 완료 2. 문제해결(행동): 향상된 제품 중 하나 배송 3. 환불조건: 새 제품에 대해 불만족 시

Conclusion(마무리)	질문/우려 전달방법 및 사과(+감사)전달 1. 질문/우려 전달: 발신자에게 직접 연락 2. 다시 한번 사과 및 감사함 전달

💡 MASTER! 레알 실용표현

1. We appreciate your Ving ~
저희는 귀하께서 ~ 해 주셔서 감사 드립니다

도입부

★ We appreciate your informing us of the problems you experienced with your Megasound X17 headphones.
→ 저는 BTC Tech 제공하는 IT 훈련 과정에 대한 기수를 최근에 읽게 되었습니다.

2. We take ~ (very) seriously.
저희는 ~을 아주 심각하게 받아드립니다

도입부

★ Because we strive to provide the best quality product possible, we take this issue very seriously.
→ 저희는 가능한 최고 품질의 상품을 제공하려고 노력하기 때문에 이 사항을 아주 심각하게 받아들입니다.

3. S is/are on the market
~가 시판 중입니다

내용부분

★ Now, three updated models are on the market.
→ 현재 세 개의 향상된 모델이 시중에 있습니다.

4. We assure(guarantee) you that S V

저희는 귀하께 ~하는 것이라고 보장합니다

내용부분

★ We assure you that the new headphones will allow you to enjoy high quality sound and active noise control.
→ 저희는 귀하께 새로운 헤드폰이 고품질의 소리와 소음제거를 즐기실 수 있게 해드릴 거라고 보장합니다.

5. We will refund all of your money

저희는 전액 환불해 드리겠습니다

내용부분

★ If you are still not satisfied with the item, you can refund all your money by calling 102-445-3839.
→ 만약 그 제품에 대해 여전히 만족하지 못하신다면, 102-445-3839로 전화 주시면 전액 환불해 드리겠습니다.

6. I would like to apologize for any inconvenience caused

저는 유발된 불편함에 대해 사과를 드리고 싶습니다

마무리

★ Once again, I would like to apologize for any inconvenience caused, and thank you for purchasing Weber's products.
→ 다시 한번 저는 유발된 불편함에 대해 사과를 드리고 싶고, Weber 제품들을 구매해 주셔서 감사 드리고 싶습니다.

Vocabulary

appreciate Ving: ~에 대해 감사해 하다
the best(최상급) ~ possible: 가능한 최고의 ~
assure: 보증하다, 보장하다
active noise control: 소음제거(노이즈 캔슬링)
by Ving(calling): ~(전화)함으로써

strive to V: ~하는 것을 노력하다
significantly: 상당히, 대단히
allow ~ to V: ~가 V하도록 (허용)하다
refund: 환불(해 주다)
inconvenience: 불편

온라인 뱅킹 불편에 대한 응답

From:	Technical Support<techsupport@kbb.com>
To:	Jose Martinez<mjose@himail.com>
Date:	October 7
Subject:	Response to Problem with Online Account Access

Dear Mr. Martinez,

I am sorry that you have been inconvenienced. Over the weekend, the online account server was checked. Although the inspection was expected to be completed by Sunday night, technicians managed to finish the work at 8 this morning.

Unfortunately, the online account system is inaccessible until now. We have already looked into this problem and expect to have the system back to normal within a couple of hours. Some clients of ours found that resetting their password helped them to access the system, so you may want to try this. Our Web site (specifically the "Tech Support" section) shows you how to reset your password.

If you still have problem with access after doing this, please call 401-555-6784 to reach Min-jeong Cha, who handles any issues pertaining to online access. I apologize for any inconvenience this might have caused.

Thank you for your patience.

Sincerely,

Linda Kwon
Technical Support Manager

> 해석

발신:	기술지원
수신:	Jose Martinez
날짜:	10월 7일
제목:	온라인 계좌 접속 문제에 대한 답변

Martinez 씨께,

저는 귀하께서 불편함을 겪었다는 사실에 유감입니다. 주말 동안 온라인 계좌 서버 점검이 있었습니다. 그 검사가 일요일 밤까지 마무리될 것으로 기대되었음에도 불구하고, 기술자들은 오늘 아침 8시에 가까스로 그 작업을 마무리했습니다.

불행히도, 온라인 계좌 시스템이 현재까지 접속이 불가합니다. 저희는 벌써 이 문제를 살펴보았고, 2-3시간 안에 시스템이 정상으로 돌아올 것으로 기대하고 있습니다. 저희 고객들 몇몇 분들께서 비밀번호를 재설정하는 것이 시스템에 접속하는 것에 도움이 된다는 것을 확인했고, 귀하께서도 이것을 시도해 보실 수 있을 것 같습니다. 저희 웹사이트 (정확히 "Tech Support' 부분)에 비밀번호를 재설정하는 법이 나와 있습니다.

만약 이것을 하시고도 접속 상에 문제가 여전히 있다면 온라인 접속과 관련된 문제를 처리하는 Min-jeong Cha씨께 401-555-6784로 전화하세요. 저는 이것이 유발한 어떠한 불편함에 대해서 사과드립니다.

기다려 주셔서 감사합니다.

Linda Kwon 올림
기술지원 담당자

📋 Writing Summary

Introduction(도입부)	불편함에 대한 사과 및 상황 설명 1. 불편함에 대한 사과 2. 상황 설명: 주말 동안 서버점검, 작업 마무리 지연
Body(내용부분)	세부내용: 현재 상황, 예상 해결시간 및 문제해결 방법 1. 현재상황: 온라인 계좌 시스템 접속불가 2. 예상 해결시간: 1~2시간 안에 정상 가동 3. 문제해결 방법제시: 비밀번호 재설정 시도

Conclusion(마무리)	문제 재차 발생 시 행동 및 사과 1. 문제 재차 발생 시: 담당 직원 연결 2. 다시 한번 사과 전달 3. 양해에 대한 감사

💡 MASTER! 레알 실용표현

1. I am (We are) sorry that you have been inconvenienced
저는 귀하께서 불편함을 겪었다는 사실에 유감입니다

도입부

★ I am sorry that you have been inconvenienced.
→ 저는 귀하께서 불편함을 겪었다는 사실에 유감입니다.

2. S managed to V
S는 가까스로 ~했습니다

도입부

★ Although the inspection was expected to be completed by Sunday night, technicians managed to finish the work at 8 this morning.
→ 그 검사가 일요일 밤까지 마무리될 것으로 기대되었음에도 불구하고, 기술자들은 오늘 아침 8시에 가까스로 그 작업을 마무리했습니다.

3. S is inaccessible
~가 접속(접근)불가합니다

내용부분

★ Unfortunately, the online account system is inaccessible until now.
→ 안타깝게도, 온라인 계정 시스템은 지금 까지도 접속 불가입니다.

4. S expect to have ~ back to normal

S는 ~가 정상으로 돌아오기를 기대합니다

내용부분

★ We have already looked into this problem and expect to have the system back to normal within a couple of hours.
→ 저희는 벌써 이 문제를 살펴보았고, 1-2시간 안에 시스템이 정상으로 돌아올 것으로 기대하고 있습니다.

5. S help ~ (to) V

S는 ~가 V하는 것을 돕다.

내용부분

★ Some clients of ours found that resetting their password helped them to access the system.
→ 저희 고객들 몇몇 분들께서 비밀번호를 재설정하는 것이 시스템에 접속하는 것에 도움이 된다는 것을 확인했습니다.

6. I apologize for any inconvenience ~

저는 ~ 어떠한 불편함에 대해서 사과 드립니다

마무리

★ I apologize for any inconvenience this might have caused.
→ 저는 이것이 유발한 어떠한 불편함에 대해서 사과 드립니다.

7. Thank you for your patience

기다려 주셔서 감사합니다

마무리

★ Thank you for your patience.
→ 기다려 주셔서 감사합니다.

Vocabulary

inspection: 검사, 점검
be expected to V: ~할 것으로 기대되다
manage to V: 겨우(가까스로) ~하다
inaccessible: 접속 불가한, 접근 불가한
look into ~: ~에 대해 조사하다(살펴보다)
back to normal: 정상으로 돌아온
a couple of 복수명사: 2~3 개의
reset: 재설정하다
pertaining to ~: ~와 관련한
patience: 인내심

3-6 재촉할 때

 잔금지불에 대한 독촉 편지

From: Richard Hills<rhills@goodpaper.com>
To: Ki-hoon Lee<leekihoon2@bchtech.co.kr>
Date: May 19
Subject: Your Payment for A4 Copy Paper

Dear Mr. Lee,

This is a polite reminder that your account is past due in the amount of $300. Since the invoice might be overlooked, I would like to remind you of your outstanding balance.

I suppose that you forgot or even misplaced your recent statement. In case of this, another statement has been attached for your convenience. If you would make your payment no later than May 20, I would appreciate it. You may mail your check, or debit/credit card payments are accepted. Because you might want to make payment by a debit/credit card, I am sending you a payment link: www.goodpaper.com/payments.

If your payment has already been made, please disregard this notice. If you have any problems, you can give us a call at 125-778-3229 to request our help. Thank you in advance for your prompt attention.

Sincerely,

Richard Hills
Good Paper Supply

> **해석**

발신:	Richard Hills
수신:	Ki-hoon Lee
날짜:	5월 19일
제목:	A4 복사용지에 대한 대금

Lee 씨께,

이것은 귀하의 계정이 $300의 지불기한이 지났다는 것을 정중히 알려드리는 편지입니다. 송장을 못 보고시고 넘어갔을 수 있기 때문에, 저는 귀하의 미결제된 잔액에 대해 상기시켜드리고자 합니다.

귀하께서 최근 명세서를 잊어버리셨거나, 심지어 잃어버리셨을 수 있다고 생각합니다. 이런 것에 대비하여 다시 명세서를 편의를 위해 첨부해 드렸습니다. 만약 귀하께서 5월 20일까지 지불을 해 주신다면 감사하겠습니다. 귀하께서는 수표를 우편으로 보내셔도 되고 아니라면 체크/신용카드지불도 가능합니다. 귀하께서 체크/신용카드로 납부하고 싶으실 수 있기 때문에, 지불링크를 보내 드립니다: www.goodpaper.com/payments.

만약 귀하의 지불이 이미 이루어 졌다면, 이 공지는 무시해도 됩니다. 어떠한 문제라도 있으시다면 저희 도움을 요청하기 위해 125-778-3229로 전화 주시기 주십시오. 신속한 관심에 먼저 감사 드립니다.

Richard Hills 올림
Good Paper Supply

📝 Writing Summary

Introduction(도입부)	**편지를 쓰는 목적** 1. 미지급된 금액에 대한 공지 2. 정중한 지불요청
Body(내용부분)	**세부내용: 대금지급 기한 및 지급 방법 공지** 1. 명세서를 다시 첨부: 고객의 편의 2. 5월 20일까지 대금지급 요청 3. 지급 방법 공지: 수표, 체크/신용카드

Conclusion(마무리)	대금이 지급된 상황 가정 및 도움요청 전화 1. 대금이 이미 지급이 되었을 경우: 편지 무시 2. 도움필요 시 연락(전화) 3. 빠른 관심을 촉구하면서 감사함 전달

💡 MASTER! 레알 실용표현

1. This is a (polite) reminder that S V
이것은 S가 V하다는 사실을 알리는 편지입니다

도입부

★ This is a polite reminder that your account is past due in the amount of $300.
→ 이것은 귀하의 계정이 $300의 지불기한이 지났다는 것을 정중히 알려드리는 편지입니다.

2. In case of ~, S V
~에 대비하여, S가 V합니다

내용부분

★ In case of the circumstance, another statement has been attached for your convenience.
→ 이런 것에 대비하여 다시 명세서를 편의를 위해 첨부해 드렸습니다.

3. If you make payment no later than 시점, I would appreciate it
만약 귀하께서 (시점)까지 지불해 주신다면, 감사하겠습니다

내용부분

★ If you would make your payment no later than May 20, I would appreciate it.
→ 만약 귀하께서 5월 20일까지 지불을 해 주신다면 감사하겠습니다.

4. If S V, please disregard this (e-mail/letter/notice)

만약 S가 V하시다면, 이 편지/공지를 무시하십시오

마무리

★ If your payment has already been made, please disregard this notice.
→ 만약 귀하의 지불이 이미 이루어 졌다면, 이 공지는 무시해도 됩니다.

5. Thank you in advance for ~

~에 대해 미리 감사 드립니다

마무리

★ Thank you in advance for your prompt attention.
→ 신속한 관심에 먼저 감사 드립니다.

Vocabulary

polite: 정중한, 예의 바른
reminder: 알림(편지)
due: 마감인, 지불시한인
overlook: 간과하다, 모른 체하다
remind 사람 of ~: 사람에게 ~에 대해 알리다
outstanding: 훌륭한, 미결제의
balance: 잔금, 잔고
misplace: (못 찾는 곳에) 잘못 두다
disregard: 무시하다
in advance: 미리, 사전에
prompt: 신속한, 즉각적인
attention: 관심

3-7 의견 전달

고객들의 SNS 사용에 대한 조사 의견

From:	Hyun-jin Ko<khyunjin@orgacosmetic.co.kr>
To:	Louis Henry<h.louis@orgacosmetic.co.kr>
Date:	November 16
Subject:	Feedback on Recent Customer Survey

Dear Mr. Henry,

I am writing to convey my opinion on the recent customer survey. As our customers are increasingly using social network sites, I recommend that we conduct marketing and promotions through these outlets. Attached is a graph showing the increase in the use of social network sites.

While 15% of the customers were using two social network sites in 2018, the number of users has increased by about 10% in 2019. Customers who use three or more social network sites are up to 22% in the same year. Although 13% of them are using no social network sites, this figure is getting lower. The survey shows that the greatest number of customers in both 2018 and 2019 enjoy at least one social network site.

According to the survey, more people are expected to use social network sites in 2020. Consequently, we need to allocate more of our marketing budgets to this area, and study more effective marketing methods. Thank you.

Sincerely,

Hyun-jin Ko
Marketing Director

> **해석**

발신:	고현진
수신:	Louis Henry
날짜:	11월 16일
제목:	최근 고객 조사에 대한 의견

Henry 씨께,

저는 최근 조사에 대한 의견을 전달 드리고자 편지를 드립니다. 고객들이 점점 더 SNS를 사용하기 때문에 우리는 이러한 매체를 통해 마케팅과 프로모션을 실시할 것을 권하는 바입니다. SNS 사용의 증가를 보여주는 그래프를 첨부해 드립니다.

2018년에 두 개의 SNS를 사용했던 유저들이 15%였지만 2019년에는 약 10%가량 상승했습니다. 심지어 세 개 이상의 SNS를 사용하는 사용자들도 22%나 됩니다. 어떠한 SNS도 사용하지 않는 사람들도 13%이지만 이 수치는 점점 낮아지고 있습니다. 이 조사는 2018년과 2019년 모두 가장 많은 사람들이 적어도 하나의 SNS를 사용하는 것으로 보여주고 있습니다.

조사에 따르면 2020년에는 더 많은 사람들이 SNS를 사용할 것으로 예상됩니다. 결과적으로 저희의 많은 마케팅 예산을 이 부분에 투입해야 하고, 더 효과적인 마케팅방법에 대해 조사해야 할 것입니다. 감사합니다.

고현진 올림
마케팅 부장

Writing Summary

Introduction(도입부)	**편지를 쓰는 목적과 연구결과 요약** 1. 최근 조사에 대한 의견 전달 2. 조사결과 SNS사용 증가 3. SNS를 통한 마케팅과 프로모션 실시 제언
Body(내용부분)	**세부내용: 2018/2019년 비교 수치** 1. 2개 이상의 SNS 사용자 비율 비교 (2018/2019년) 2. 3개 이상 사용자와 SNS 비사용자 수치 3. 가장 많은 고객의 카테고리: 1개의 SNS 사용

Conclusion(마무리)	2020년의 예상, 연구결과 및 다음 조사 조언 1. 2020년 예상: 더 많은 사람들이 SNS를 사용 2. 연구결과: 더 많은 예산을 이 분야에 투입 3. 다음조사: 더 효과적인 마케팅 방법 필요

💡 MASTER! 레알 실용표현

1. I am writing to convey my opinion on(about) ~
~에 대한 의견을 전달 드리고자 편지 드립니다

도입부

★ I am writing to convey my opinion on the recent customer survey.
→ 저는 최근 조사에 대한 의견을 전달 드리고자 편지를 드립니다.

2. I recommend that S (should생략) V
S가 V해야 한다고 조언 드립니다

도입부

★ As our customers are increasingly using social network sites, I recommend that we conduct marketing and promotions through these outlets.
→ 고객들이 점점 더 SNS를 사용하기 때문에 우리는 이러한 매체를 통해 마케팅과 프로모션을 실시할 것을 권하는 바입니다.

3. Attached is ~ (도치구조)
~를 첨부해 드립니다

도입부

★ Attached is a graph showing the increase in the use of social network sites.
→ SNS 사용의 증가를 보여주는 그래프를 첨부해 드립니다.

4. S increased by (about) 수치

S가 (약) 수치만큼 증가했습니다 (수치의 차이)

내용부분

★ While 15% of the customers were using more than two social network sites in 2018, the number has increased by about 10% in 2019.
→ 2018년에 두 개 이상의 SNS를 사용했던 유저들이 15%였지만 2019년에는 약 10%가량 상승했습니다.

5. The survey (research) shows that S V

이 조사는 S가 V하는 것을 보여줍니다

내용부분

★ The survey shows that the greatest number of customers in both 2017 and 2018 enjoy at least one social network site.
→ 이 조사는 2017년과 2018년 모두 가장 많은 사람들이 적어도 하나의 SNS를 사용하는 것으로 보여주고 있습니다.

6. According to the survey(근거), S V

조사에 따르면, S가 V합니다

마무리

★ According to the survey, more people are expected to use social network sites in 2020.
→ 조사에 따르면 2020년에는 더 많은 사람들이 SNS를 사용할 것으로 예상됩니다.

Vocabulary

convey: 전달하다
conduct: 실시하다
more than = over + 숫자: 숫자 초과
at least: 적어도
consequently: 결과적으로

survey: 조사
outlets: 방법, 창구, 아울렛
figure: 수치
according to ~: ~에 따르면
allocate: 할당하다

선호하는 운동에 대한 조사 의견

From:	Gary Inoue<i.gary@sportsmecca.co.jp>
To:	Lauren Kedison<k.lauren@sportsmecca.co.jp>
Date:	September 12
Subject:	Research on Popular Sports in Japan

Dear Ms. Kedison,

I have recently looked into the research that shows what sports people in Japan enjoy most. Based on this analysis, I would like to make a recommendation on what sports gear we should focus on from now onward.

The graph indicates that most men play baseball, with participation rates reaching approximately 35%. 3% fewer men prefer soccer. These two sports are most popular among men in Japan. On the other hand, 42% of women like swimming, which is the highest rate. About 20% of both men and women enjoy running. Other sports such as tennis, basketball, and volleyball have unexpectedly lower levels of participation.

I suggest that our company increase the sales portion of baseball and soccer products, as well as swimming items including women's swimsuits. In addition, if we expand the number of running shoes, sales are expected to grow significantly. By doing so, we will be able to achieve next year's sales goal and enhance our brand recognition.

Best regards,

Gary Inoue
Sales Manager

발신:	Gary Inoue
수신:	Lauren Kedison
날짜:	9월 12일
제목:	일본에서 인기있는 스포츠에 대한 조사

Kedison 씨께,

저는 최근에 일본에 사람들이 어떤 스포츠를 가장 많이 즐기고 있는지를 보여주는 연구결과를 살펴보았습니다. 이 분석에 근거하여, 저는 저희가 앞으로 어떠한 스포츠장비(용품)에 집중해야 할 지에 대해 제안하기를 원합니다.

이 그래프는 약 35% 이르는 참여율로 가장 많은 남자들은 야구를 한다는 것을 보여주고 있습니다. 3% 적은 남자들은 축구를 선호합니다. 이 두 개의 스포츠가 일본에서 남자들 사이에서 가장 인기 있습니다. 반면에 42%의 여자들은 수영을 좋아하는데 그것은 가장 높은 수치입니다. 남자와 여자 모두 약 20%는 달리기를 즐기고 있습니다. 테니스, 농구, 배구와 같은 다른 스포츠들은 예상과는 달리 더 낮은 참여 수준을 보여줍니다.

저는 저희 회사가 야구와 축구 용품들 뿐만 아니라 여자 수영복을 포함한 수영용품의 판매비중을 높여야 한다고 제안 드립니다. 더불어 만약 저희가 운동화의 수를 확대한다면 영업이 상당히 성장할 것으로 기대됩니다. 그렇게 함으로써, 저희는 내년 영업목표를 달성하고, 저희 브랜드인지도를 향상시킬 수 있을 것입니다.

Gary Inoue 올림
영업 매니저

Writing Summary

Introduction(도입부)	**연구실시에 대한 언급과 편지를 쓰는 목적** 1. 최근 조사의 토픽: 가장 즐기는 스포츠 2. 편지를 쓰는 목적: 스포츠장비 판매 제안
Body(내용부분)	**세부내용: 남자/여자가 즐기는 스포츠** 1. 남자가 가장 즐기는 스포츠 및 두 번째로 즐기는 스포츠: 야구 & 축구 2. 여자가 가장 즐기는 스포츠: 수영 3. 남/여 모두 즐기는 스포츠: 조깅

Conclusion(마무리)	<u>연구분석을 통한 제안 및 궁극적 목표</u> 1. 야구, 축구, 수영용품(여성수영복) 판매의 비중 확대 2. 조깅화의 종류 확대 3. 내년 영업목표 달성 및 브랜드인지도 향상

MASTER! 레알 실용표현

---

1. I have (already) looked into ~

저는 (이미) ~에 대해 살펴보았습니다

도입부

★ I have recently looked into the research that shows what sports those in Japan enjoy most.
→ 저는 최근에 일본에 사람들이 어떤 스포츠를 가장 많이 즐기고 있는지를 보여주는 연구결과를 살펴보았습니다.

---

2. Based on ~, I would like to make a recommendation on ~

~에 근거하여, 저는 ~에 대해 제안하기를 원합니다

도입부

★ Based on this analysis, I would like to make a recommendation on what sports gear we should focus on from now onward.
→ 이 분석에 근거하여, 저는 저희가 앞으로 어떠한 스포츠장비(용품)에 집중해야 할 지에 대해 제안하기를 원합니다.

---

3. The graph indicates that S V

그 그래프는 S가 V하는 것을 보여줍니다

내용부분

★ Based on this analysis, I would like to make a recommendation on what sports gear we should focus on from now onward.
→ 이 그래프는 약 35% 이르는 참여율로 가장 많은 남자들은 야구를 한다는 것을 보여주고 있습니다.

4. S is most popular among 복수집단

복수집단에서 S가 가장 인기 있습니다

내용부분

★ These two sports are most popular among men in Japan.
→ 이 두 개의 스포츠가 일본에서 남자들 사이에서 가장 인기 있습니다.

5. I suggest that S (should 생략) V

저는 S가 V해야 한다고 제안합니다

마무리

★ I suggest that our company increase the sales portion of baseball and soccer products, as well as swimming items including women's swimsuits.
→ 저는 저희 회사가 야구와 축구 용품들 뿐만 아니라 여자 수영복을 포함한 수영용품의 판매비중을 높여야 한다고 제안 드립니다.

6. By doing so, we will be able to V

그렇게 함으로써, 우리는 ~할 수 있을 것입니다

마무리

★ By doing so, we will be able to achieve next year's sales goal and enhance our brand recognition.
→ 그렇게 함으로써, 저희는 내년 영업목표를 달성하고, 저희 브랜드인지도를 향상시킬 수 있을 것입니다.

Vocabulary

look into: (자세히) 들여다보다
based on~: ~에 근거하여
from now on(ward): 지금부터, 앞으로
approximately: 약, 대략 (+숫자)
portion: 비중, 부분
expand: 확장하다, 확대하다
by doing so: 그렇게 함으로써

those: 사람들(=people)
analysis: 분석
indicate: 암시하다, 보여주다
unexpectedly: 예상과는 달리, 예상외로
swimsuit: 수영복
significantly: 상당히, 대단히
brand recognition: 브랜드 인지도

3-8 비용 청구

🔸 가정용 정원에 대한 조경작업

From: Theo Morrison<m.theo@morrisonlandscapers.com>
To: Anna Bassett<banna@zbay.com>
Date: June 14
Subject: Statement for Landscaping on June 13

Dear Ms. Bassett

We have recently provided landscaping for your home garden. Our landscape experts worked from 9 A.M. to 1 P.M. on June 13. I am writing to explain the billing for the service to you. The agreed payment is due on June 17.

As shown on the statement , the total amount is $640.50. However , because you already put down a $200 deposit on June 5, the balance you will pay is 440.50. You have been charged $40.50 for the monthly lawn care (June). We provided fertilizer to the soil at $200. In addition , we delivered and planted 10 maple trees at $40 each, totaling $400.

If you would like pay with your credit card, please click on the link: www.morrisonlandscapers.com/payments. Otherwise, send your check to Morrison Landscapers. If you have any questions, please call us at 151-444-3900. Thank you for your business.

Best wishes,

Theo Morrison
Morrison Landscapers

발신:	Theo Morrison
수신:	Anna Bassett
날짜:	6월 14일
제목:	6월 13일 조경에 대한 청구서

Bassett 씨께,

저희는 최근에 귀하의 주택정원에 조경작업을 제공해 드렸습니다. 저희 조경 전문가들이 6월 13일 오전 9시부터 오후 1시까지 작업을 진행하였습니다. 저는 귀하께 그 서비스에 대한 요금을 설명해 드리기 위해 편지를 드립니다. 합의된 금액은 6월 17일까지 지불되어야 합니다.

명세서에서 보다시피, 전체금액은 $640.50입니다. 하지만 6월 5일에 $200를 착수금으로 이미 지불하셨기 때문에, 지불하여야 하는 잔금은 $440.50이 됩니다. 월간 잔디관리(6월)에 대해 $40.50가 부과되었습니다. 저희는 $200 금액으로 토양에 비료를 주었습니다. 뿐만 아니라 우리는 각각 $40에 단풍나무 10그루를 배송하고 심었는데 총 $400가 들었습니다.

만약 귀하께서 신용카드로 결제하시길 원하신다면, 링크 (www.morrisonlandscapers.com/payments)를 클릭해 주십시오. 그렇지 않다면, 수표를 Morrison Landscapers로 보내주시기 바랍니다. 질문이 있으시다면 저희에게151-444-3900로 전화 주십시오. 거래해 주셔서 감사합니다.

Theo Morrison 올림
Morrison Landscapers

Writing Summary

Introduction(도입부)	**제공된 서비스 개요와 편지를 쓰는 목적** 1. 조경작업 제공: 주택정원을 위한 조경 2. 6월 13일 오전 9 ~ 오후 1시 작업 2. 편지목적: 서비스요금에 대한 설명
Body(내용부분)	**세부내용: 개별 조경서비스에 대한 설명** 1. 전체금액과 지불되어야 할 금액 설명: $440.50 지불 2. 월간 잔디관리 비용: $40.50 3. 토양 비료작업: $200 4. 10그루 단풍나무 배송과 심기: $400

| Conclusion(마무리) | 결제방법 안내, 질문을 위한 연락처 및 감사인사
1. 신용카드 결제를 위한 링크 / 수표 보낼 곳
2. 질문 있을 시 전화
3. 거래에 대한 감사인사 |

MASTER! 레알 실용표현

1. I am writing to explain the billing(charge) for ~

~에 대한 요금을 설명 드리기 위해 편지 드립니다

도입부

★ I am writing to explain the billing for the service to you.
→ 저는 귀하께 그 서비스에 대한 요금을 설명해 드리기 위해 편지를 드립니다.

2. S is due on 날짜

S는 날짜까지 지불(마감)되어야 합니다

도입부

★ The agreed payment is due on June 17.
→ 합의된 금액은 6월 17일까지 지불되어야 합니다.

3. As shown on the statement, the total amount is ~

명세서에서 보다시피, 전체 금액은 ~ 입니다

내용부분

★ As shown on the statement, the total amount is $640.50.
→ 명세서에서 보다시피, 전체 금액은 $640.50 입니다.

4. You put down a 금액 deposit.

귀하께서는 ~금액의 보증금을 걸어 두었습니다.

내용부분

★ Because you already put down a $200 deposit on June 5, the balance you will pay is 440.50.
→ 6월 5일에 $200를 착수금으로 이미 지불하셨기 때문에 지불하여야 하는 잔금은 $440.50이 됩니다.

5. You have been charged 금액 for ~

귀하께서는 ~에 대해 금액이 청구되었습니다

내용부분

★ You have been charged $40.50 for the monthly lawn care (June).
→ 월간 잔디관리(6월)에 대해 $40.50가 부과되었습니다.

6. S V ~, totaling 금액

S 가 V 했는데 총 (금액) 들었습니다

내용부분

★ We delivered and planted 10 maple trees at $40 each, totaling $400.
→ 우리는 각각 $40에 단풍나무 10그루를 배송하고 심었는데 총 $400가 들었습니다.

7. Thank you for your business

거래해 주셔서 감사합니다

마무리

★ Thank you for your business.
→ 거래해 주셔서 감사합니다.

Vocabulary

landscaping: 조경　　expert: 전문가　　statement: 명세서, 진술
deposit: 보증금　　lawn care: 잔디 관리　　fertilizer: 비료
soil: 토양　　plant: 나무(를 심다)

페인트 구매에 대한 청구

From: Tommy Choi<choi.tommy@now-ideal-home.co.kr>
To: Sofia Sorrell<ssofia@deurim.co.kr>
Date: October 5
Subject: Billing for Paint (Order Number: B7812)

Dear Ms. Sorrell,

Greetings from Now Ideal Home.

Thank you for selecting Now Ideal Home. We have over 50 locations throughout the country, and have recently opened a new flagship store in Seoul. We always do our best to serve you with the best products on the market. I am writing to send you a statement of the paint you ordered on October 4th.

You have purchased four different colors of paint, totaling $180. You ordered two gallons of both Green Sea Gray and Silver Beauty that amounted to $50 and $60 respectively. You also ordered a gallon of Coastline Blue for $20. In addition, you selected Platinum White for $50, on which the Buy 2 Get 1 Free deal is offered. Because you have chosen "Store Pick-up," the payment is required by October 6th.

As a token of appreciation for your continued business, we would like to send you a 20% off coupon, good until the end of December. If you have any inquiry regarding the order, please contact me directly at 112-745-8279. Thank you.

Sincerely,

Tommy Choi
Now Ideal Home

> 해석

발신:	Tommy Choi
수신:	Sofia Sorrell
날짜:	10월 5일
제목:	페인트에 대한 청구 (주문번호: B7812)

Sorrell 씨께,

Now Ideal Home에서 인사 드립니다.

Now Ideal Home을 선택해 주셔서 감사합니다. 저희는 전국에 50개 이상의 매장을 가지고 있고, 최근에는 서울에 새로운 플래그쉽 매장을 열었습니다. 항상 고객께 시장에서 최고의 제품을 제공해 드리기 위해 최선을 다하고 있습니다. 저는 귀하께서 10월 4일 주문하셨던 페인트에 대한 명세서를 보내 드리기 위해 편지 드립니다.

귀하께서는 네 가지 다른 색깔의 페인트를 구매하셨고, 총액은 $180입니다. Green Sea Gray 와 Silver Beauty 모두 2갤런을 주문하셨는데, 각각 $50와 $60입니다. $20 Coastline Blue도 1갤런 주문하셨습니다. 또한, 귀하께 두 개 구매 시 한 개가 무료로 제공되는 Platinum White 3갤런을 선택하셨고 비용은 $50입니다. 귀하께서 "Store Pick-up"을 선택하셨기 때문에 10월 6일까지는 결제가 요구됩니다.

귀하의 지속적인 거래에 대한 감사함의 표시로 저희는 12월 말까지 이용 가능한 20% 할인 쿠폰을 보내 드리고 싶습니다. 주문에 어떠한 질문이라도 있으시면, 112-745-8279 로 저에게 바로 연락 주십시오. 감사합니다.

Tommy Choi 올림
Now Ideal Home

Writing Summary

Introduction(도입부)	**감사함 표현, 업체설명과 편지를 쓰는 목적** 1. 거래에 대한 감사함 표현 2. 업체 규모와 최근 변동사항(플래그쉽 매장 오픈) 3. 편지목적: 페인트상품에 대한 명세서 전달

Body(내용부분)	세부내용: 개별 상품에 대한 설명 + 배송방식 재확인 1. 4가지 종류(색깔)에 대한 페인트 총액: $180 2. 개별 페인트의 가격 설명: Coastline Blue, Green Sea Gray, Silver Beauty and Platinum White (2+1 offer) 3. 픽업서비스 신청: 금액결제 시한
Conclusion(마무리)	쿠폰제공(20%) 와 질문 있을 시 연락처 1. 지속적인 거래에 대한 쿠폰: 20% + 유효기간 2. 질문 있을 시 전화(발신자에게 직접) 3. 거래에 대한 감사인사

💡 MASTER! 레알 실용표현

1. Thank you for selecting ~
~를 선택해 주셔서 감사합니다

도입부

★ Thank you for selecting Now Ideal Home.
→ Now Ideal Home을 선택해 주셔서 감사합니다.

2. S always do (my/our) best to V
S는 V하기 위해 항상 최선을 다합니다

도입부

★ We always do our best to serve you with the best products on the market.
→ 항상 고객께 시장에서 최고의 제품을 제공해 드리기 위해 최선을 다하고 있습니다.

3. S ordered A and B, which amounted to 금액1 and 금액2 respectively
S가 A 와 B를 주문했는데, 각각 금액1 과 금액 2입니다

내용부분

★ You ordered two gallons of both Green Sea Gray and Silver Beauty that amounted to $50 and $60 respectively.
→ Green Sea Gray 와 Silver Beauty 모두 2갤런을 주문하셨는데, 각각 $50와 $60입니다.

4. Buy 2 Get 1 Free (2+1) is offered on ~

~에 대해 2+1 행사가 제공됩니다

> **내용부분**

★ In addition, you have been charged $50 for Platinum White, on which the Buy 2 Get 1 Free deal is offered.
  → 그리고 귀하께 두 개 구매 시 한 개가 무료로 제공되는 Platinum White 3갤런을 선택하셨고 비용은 $50입니다.

5. As a token of appreciation for ~,

~에 대한 감사함의 표현으로

> **마무리**

★ As a ken of appreciation for your continued business,
  → 귀하의 지속적인 거래에 감사한 표시로

6. S offer a (숫자)% off coupon, good until 시점 (for 기간)

S가 시점까지(기간 동안) 이용 가능한 숫자% 할인 쿠폰을 드립니다

> **마무리**

★ we would like to send you a 20% off coupon, good until the end of December.
  → 저희는 12월 말까지 이용 가능한 20% 할인 쿠폰을 보내 드리고 싶습니다.

Vocabulary

location: 장소, 지점
gallon: 갤런(보통 3.8(미국), 4.5(영국)리터 정도)
token: 표시, 징표
good: 유효한 (=available)
regarding: ~에 관해 (=about)

flagship: 주력하는, (가장 중요한 함선)
amount (to 합계): (합계)에 이르다
appreciation for ~: ~에 대한 감사함
inquiry: 질문

MEMO

글로벌 비즈니스 어학역량 평가 시험

G-TELP Business Writing Test
공식수험서

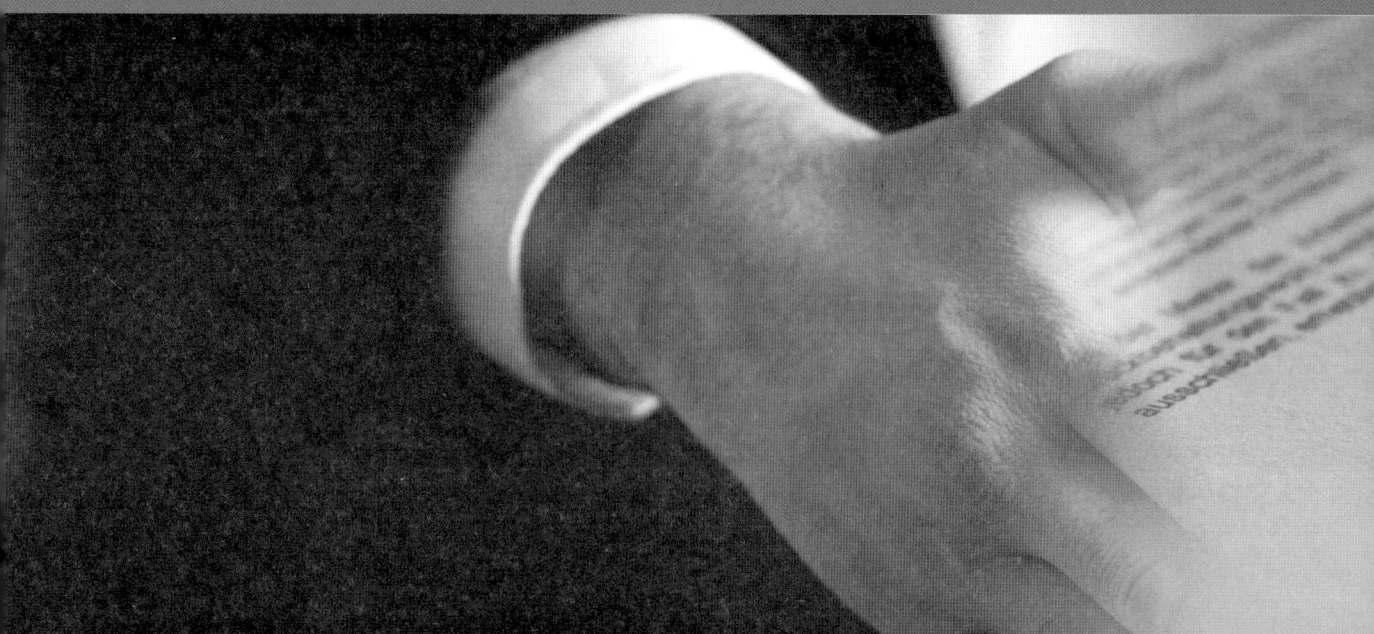

Chapter 4
비즈니스 라이팅 파트별 실전

General Tests of English Language Proficiency

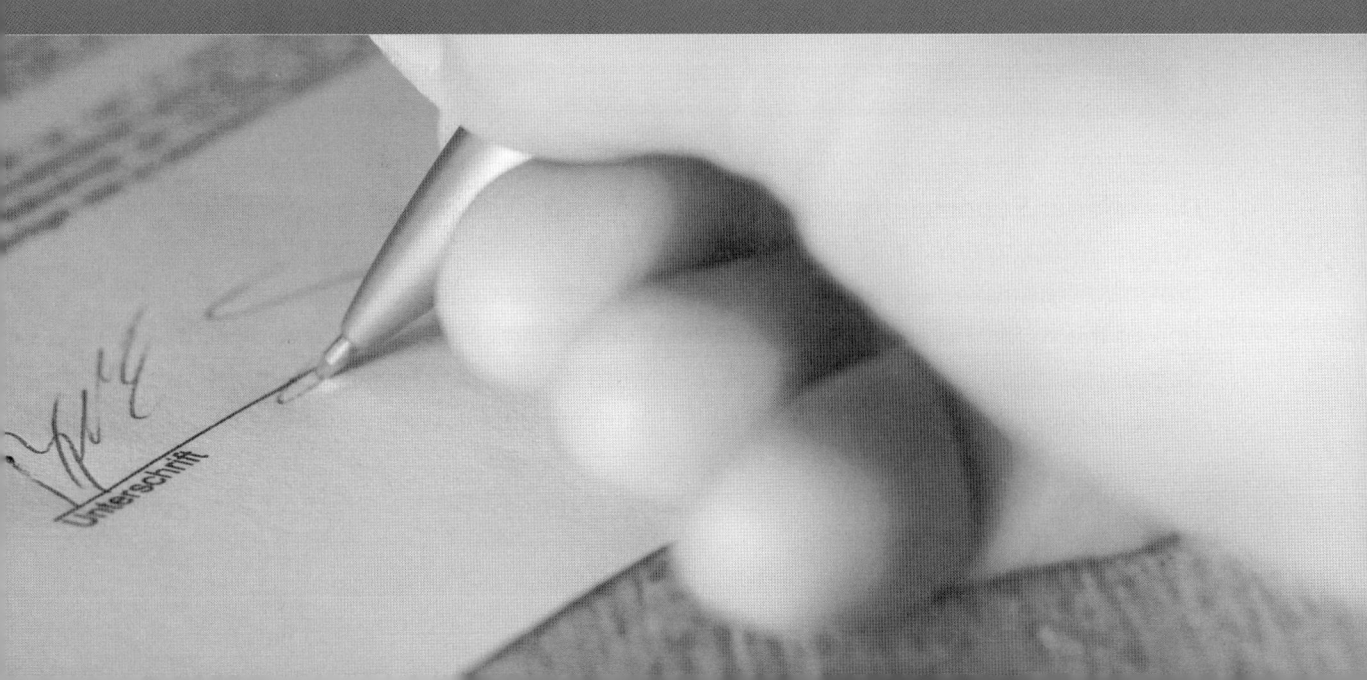

Chapter 4.
비즈니스 라이팅 파트별 실전

비즈니스라이팅 시험은 앞서 소개한 편지글을 기본으로 다양한 상황에 맞는 작문을 요구한다. 다섯개의 파트로 구성되어 있으며 큰 주제가 다르다. 이번 단원에서는 각 파트에 대한 구성, 전략, 실전문제들을 다루기 때문에 중요하다고 할 수 있다. 하지만 앞서 배웠던 기본적인 문법과 편지를 쓰는 요령이 없다면 시험에서 목표를 달성하기 쉽지 않을 것이다. 그러므로 기본에 대한 충실한 학습을 진행하고 본 단원에서 시험적응력을 높이도록 해야 한다.

General Tests of English Language Proficiency

PART 1. Making a Service Inquiry

Part 1에서는 글쓴이가 고객(client)가 되어 업체에 서비스에 대한 질문(inquiry)를 하는 작문이다. 지침(direction)이 전달되고, 구체적인 질문사항에 대한 내용이 추가적으로 3가지 정도 주어진다. 글쓴이는 이 부분을 언급하는 작문을 해야 한다. 6분의 시간이 주어지고 80이상의 단어들로 구성된 작문이 요구된다.

전략 (Strategy)

1 지시문의 핵심을 잘 파악하여 상황에 맞는 글을 써야 한다.

Directions: Suppose that you are planning to give away **personal notebooks to your employees**. You want **the notebooks to be customized, with your company logo printed on the cover**. You have contacted several printers, and one of them, Mr. Peter Alexander of Wise Prints, has **sent you an e-mail asking about your specific requirements**. Now, write a letter that consists of at least 80 words in reply to his inquiry. You will have six (6) minutes to complete this task.

In your letter, you must:

- **describe the specific requirements** for the notebooks
- **state how many** custom notebooks you need and **what your budget** is
- **set a deadline** and **ask about the methods of delivery**

1-1) 일차적으로 3~4가지의 상황을 잘 파악하여 글쓴이가 어떤 글을 써야 할 지 이해해야 한다.

- **personal notebooks to your employees** (상황1: 개인 공책을 직원들에게 나눠준다)
- **the notebooks to be customized** (상황2: 그 공책이 맞춤형이길 원한다)
- **your company logo printed on the cover** (상황3: 로고가 공책표지에 들어가야 한다)
- **sent you an e-mail asking about your specific requirements** (상황4: 구체적인 요구를 묻고 있다)

※ 보통 지침(direction)에서 주는 사항들(4가지)은 업체에 연락 시 이미 언급한 내용이다. 그렇기 때문에 특별한 상황이 아니라면 반복된 언급을 피하는 것이 좋다.

1-2) 구체적인 세부 내용(3가지)을 파악하여 대강의 브레인스토밍(brain-storming)을 하고 작문을 시작하는 것이 시간관리(6분)에 용이하다. 약 1분정도는 머리속으로 틀을 구성하는 것이 매우 중요하다.

- **describe the specific requirements for the notebooks** (세부내용1: 먼저 언급한 내용 외에 구체적인 요구사항을 설명한다)

  1. **크기의 예:** A5 size (notebooks), standard size (notebooks), medium size (notebooks) 등
  2. **페이지 수:** 50, 100, 200 pages 등
  3. **표지 타입:** hard cover (양장본), paperback (페이퍼백)

- **state how many notebooks and what your budget** (세부내용2: 공책의 수량과 예산)

  1. **수량:** 100권의 공책: 100 notebooks, 100 copies of notebooks 등
  2. **예산:** a budget of $3000, a budget of $25 per copy 등

– **set your deadline and ask about delivery methods** (세부내용3: 최종 받는 시기와 배달방법)

1. 받는 시기: have them (notebooks) by 시기, (at the latest) 등
2. 배달방법 질문: what are your available options? FedEx, DHL, your own service 등

2 도입부, 내용부분, 마무리를 미리 계획해 본다.

2-1) 도입부는 2~3개 문장, 내용부분은 3~4개 문장, 마무리는 2~3개 문장 정도로 구성하는 것이 적절하다. (최소 80단어 이상)

2-2) 인사글, 감사인사, 답장기대 등 보편적으로 많이 쓰는 표현을 어떻게 배치할 지 미리 염두에 두는 것이 내용을 채우고 짜임새를 갖추는 데 유리하다.

- Thank you for your inquiry (or response)
- I look forward to hearing from you soon

※ Part 1 같은 경우는 질문을 하고 상대의 답장을 바라는 경우가 될 가능성이 높기 때문에 'I look forward to ~' 등의 표현을 잘 활용하면 좋다.

EXAMPLE WRITING

Dear Mr. Alexander,

도입부

Greetings from the Dundee-Munson Testing Center. Thank you for your inquiry regarding the specifications of the customized notebooks that we plan to give our employees. Here are the specific requirements for our custom-made notebooks.

내용부분

Besides the customized logo to be printed on the cover, the notebooks should be of standard size (15.2 cm x 21.6 cm) and should have 100 pages. They should also have a hard cover. We are going to need a total of 100 notebooks. We have a budget of $8 per notebook.

마무리

We would like the order to be delivered by the end of this month. Speaking of which, what are your available delivery options? Will you be sending the order via a courier service or do you have a delivery service of your own?

Thank you for your time, and I look forward to hearing from you soon.

Best regards,

Richard Wells

도입부

도입부에서는 구체적인 내용을 쓰는 것이 아니라 인사, 일반적인 내용(기존 사항 재언급), 글을 쓰는 목적 등을 언급하는 것이 좋다. 1-2)에서 브레인스토밍 한 내용은 도입부에서는 언급하지 않고 내용부분에서 언급한다고 계획한다.

1. 인사말
2. 일반적인 내용 (기존 사항 재언급)
3. 글을 쓰는 목적

내용부분

내용부분에서는 브레인스토밍 했던 구체적인 세부내용을 순차적으로 언급하는 것이 좋다. 하지만 3가지 세부내용을 모두 언급하면 자칫 길어질 수 있으므로 (마무리에서도 글이 너무 짧아지면 구조상 자연스럽지 않다) 1번, 2번 사항에 대한 언급을 해 주는 것이 적절하다.

1. 사이즈와 페이지 수
2. 표지타입
3. 공책 수량 및 예산 (1권당 예상 예산)

마무리

마무리에서는 최종적인 세부내용인 3번 사항에 대한 언급(질문)을 하고, 마무리하는 인사 및 답변을 기대하는 관용적인 표현을 해 주는 것이 이상적이다.

1. 최종 상품을 받는 시기
2. 배송 방법에 대한 질문
3. 감사인사 및 답변기대

> **해석**
>
> Alexander 씨께,
>
> Dundee-Munson Testing Center에서 인사 드립니다. 저희는 직원들에게 배포할 계획인 맞춤형 공책의 세부사항들에 대해 귀하의 질문에 감사드립니다. 저희 맞춤형 공책을 위한 구체적인 요구사항을 알려 드리겠습니다.
>
> 표지에 맞춤형 로고가 인쇄되는 것뿐만 아니라 공책은 일반 크기(15.2 cm x 21.6 cm)이고 100페이지이면 좋겠습니다. 또한 양장본 이어야 할 것 같습니다. 저희는 총 100권의 공책을 필요로 할 것입니다. 1권당 $8의 예산을 가지고 있습니다.
>
> 저희는 이번 달 말까지 주문이 도착하기를 바랍니다. 말 나온 김에 귀하의 배송 옵션은 어떤 것이 이용 가능한가요? 배달서비스를 통해 주문을 보내 주시나요? 자체 배달서비스를 가지고 있으신 가요?
>
> 시간 내주셔서 감사하고, 곧 답장 받기를 기대하겠습니다.
>
> Richard Wells 올림

실전문제 1

PART 1. Making a Service Inquiry

Directions: Suppose that you are organizing an anniversary event for co-workers. You want to book an ideal venue for the event near the company. As an event coordinator, you have found several places nearby, one of which looked appropriate. You are going to send an e-mail to Leslie Thompson of Parkview Center to ask about the venue. Write a letter of at least 80 words. You will have six (6) minutes to complete this part.

In your letter, you must:

- introduce your company and explain why you are writing the letter
- ask about availability for space to accommodate 100 people
- check whether it is possible to have food and beverage service

Brain Storming – 생각 정리하기

☆★ 상황을 판단할 수 있는 부분을 적어 보세요.

1. _____
2. _____
3. _____
4. _____

★★ 세부내용을 파악해서 답변을 간단히 정리해 보세요.

1. _____
2. _____
3. _____
4. _____

Example

☆★ 상황을 판단할 수 있는 부분을 적어 보세요.

1. Organizing a social gathering for co-workers.

2. You want to book an ideal venue.

3. Send an e-mail to Leslie Thompson of Parkview Center.

★★ 세부내용을 파악해서 답변을 간단히 정리해 보세요.

1. Software development company in Seoul.

2. Consider booking your space and ask about it.

3. Is there any space available to accommodate about 100 people?

4. Is it possible to have food and drink? & could we order food from your center?

Your Answer

Example Answer

To:	Tleslie@parkview.com
Subject:	Considering booking your space

Dear Ms. Thompson,

I am an event coordinator of Sims Soft, a software development company in Hong Kong. I am considering booking space for our 12th anniversary celebration at Parkview Center on May 8, at 10 a.m. This is an annual occasion for all staff members including the CEO.

Approximately 100 people are expected to attend the event on that day. I would like to know if you have any space available to accommodate this number of people. Moreover, is it possible that food and beverage for lunch will be provided? If so, how many meal options will you offer?

Your center looks very appropriate because of its proximity to my company. Please contact me by email to let me know whether those requirements will be met. I hope to hear from you as soon as possible. Thank you.

Sincerely,

Jason Brett
Sims Soft

> **해석**
>
> 수신: Tleslie@parkview.com
> 제목: 귀하의 공간을 예약하는 것을 고려하는 중입니다

Thompson 씨께

저는 Hong Kong에 소프트웨어 개발회사인 Sims Soft의 이벤트 담당자입니다. 저는 5월 8일 오전 10시에 Parkview Center에서 12주년 기념행사를 위한 공간을 예약하는 것을 고려 중입니다. 이것은 CEO를 포함한 모든 직원들을 위한 연례행사입니다.

약 100명의 사람들이 그 날 행사에 참석할 것으로 예상됩니다. 이 인원수를 한꺼번에 수용할 수 있는 공간이 있는지 알고 싶습니다. 또한 점심을 위한 음식과 음료가 제공되는 것이 가능한지요? 그렇다면 얼마나 많은 식사종류들을 제공하실 수 있는지요?

센터가 저희 회사와 근접하기 때문에 아주 적합한 것으로 보입니다. 이러한 요구사항들이 충족될 수 있는지 저에게 알려주시기 위해 이메일을 주시기 바랍니다. 가능한 빨리 답변 듣기를 바라겠습니다. 감사합니다.

Jason Brett 올림
Sims Soft

Vocabulary

coordinator: 관리자, 담당자, 조율자
anniversary: 기념일
annual: 연간의, 1년에 한번
occasion: 일, 행사
approximately: 대략, 약
accommodate: 수용하다
at once: 한번에
meal option: 식사상 선택
appropriate: 적절한, 알맞은
adjacency: 가까움, 근접함

중요 표현

1. I am **considering booking space** for our 12th anniversary celebration at Parkview Center **on May 8, at 10 a.m.**
   → 저는 5월 8일 오전 10시에 Parkview Center에서 12주년 기념행사를 위한 공간을 예약하는 것을 고려 중입니다.

   TEACHER'S NOTE
   ① 아직 결정되지 않고 고민하고 있는 상황이라면 'consider Ving' 표현이 아주 유용하다.
   ② 날짜와 시간을 동시에 쓰는 경우라면 보통 'on 날짜, at 시간'을 쓸 수 있다.

2. Approximately 100 people **are expected to attend** the event on that day.
   → 약 100명의 사람들이 그 날 행사에 참석할 것으로 예상됩니다.

   TEACHER'S NOTE
   ① 미래시제라서 매번 'will'을 쓰기 보다는 'be expected to V: ~할 것으로 예상(기대)됩니다'를 쓰는 것도 좋은 방법이다.

3. **Is it possible that** food and beverage for lunch will be provided?
   → 점심을 위한 음식과 음료가 제공되는 것이 가능한지요?

   TEACHER'S NOTE
   ① 가능성을 물을 때는 여러가지 방법이 있지만 그 중 하나가 'Is it possible that ~?' 이고 유용하다.

4. Your center looks very appropriate **because of its proximity to my company**.
   → 센터가 저희 회사와 근접하기 때문에 아주 적합한 것으로 보입니다.

   TEACHER'S NOTE
   ① 장소적으로 가까운 이유를 표현할 때 단순하게 'because it is close to 장소' 라는 표현도 괜찮지만 'because of the proximity of 장소' 도 더 격식 있게 들린다.

실전문제 2

PART 1. Making a Service Inquiry

Directions: Suppose that you are planning to distribute updated employee handbooks. The company logo must be printed on the cover. You want them to be spiral binding. After searching for local printing companies, you decide to contact Ms. Anne Blackman of Perfect Printing by e-mail. Now, write a letter of at least 80 words to ask her to meet your requirements. You will have six (6) minutes to complete this part.

In your letter, you must:

- explain the details of the employee handbooks
- let her know a range of the budget and the quantity of handbooks
- mention when you want them to arrive

Brain Storming – 생각 정리하기

☆★ 상황을 판단할 수 있는 부분을 적어 보세요.

1. _____
2. _____
3. _____
4. _____

★★ 세부내용을 파악해서 답변을 간단히 정리해 보세요.

1. _____
2. _____
3. _____
4. _____

Example

☆★ 상황을 판단할 수 있는 부분을 적어 보세요.

1. Distribute updated employee handbooks.
2. The company logo must be printed on the cover.
3. Want them to be spiral binding.
4. You decide to contact Ms. Anne Blackman of Perfect Printing.

★★ 세부내용을 파악해서 답변을 간단히 정리해 보세요.

1. They have 50 pages and must be fully colored.
2. The cover should be coated.
3. We need 300 copies of handbooks and we have an overall budget of $3,000.
4. I want to receive them by the end of the month.

Your Answer

Example Answer

To: anne88@perfectprinting.co.ca
Subject: Inquiries about printing employee handbooks

Dear Ms. Blackman,

I am writing to ask about printing updated employee handbooks. I saw your establishment online, and found your portfolio both attractive and reliable. We need 300 copies of the handbook and our specifications are as follows.

Employee handbooks should have 50 pages each and must be fully colored. Besides that, we want the company logo on the coated cover. Spiral binding would be perfect for them. We estimate the budget at $100 per copy, totaling about $3,000.

If you can carry out this order within the estimated budget, we would like to receive them by the end of the month. I look forward to hearing from you soon. Thank you.

Best regards,

Clay Gordon
Visio Bio

> **해석**

수신: anne88@perfectprinting.co.ca
제목: 직원수첩 인쇄에 대한 문의

Blackman 씨께

저는 업데이트된 직원수첩을 인쇄하는 것에 대해 여쭤보려고 편지 드립니다. 저는 귀사를 온라인에서 알게 되었고, 포트폴리오가 매력적이면서 신뢰할 수 있다고 생각했습니다. 저희는 300부의 직원수첩이 필요하고 세부사항은 다음과 같습니다.

직원수첩은 각각 50 페이지가 되고, 완전히 색칠되어야 합니다. 이것뿐만 아니라, 저희는 회사로고가 코팅된 표지에 있길 바랍니다. 나선형 제본이 그것에 적합할 것 같습니다. 저희는 한 권당 $100로 예산을 예상하고 총액은 약 $3000입니다.

만약 귀사가 추산된 예산 내에서 이 주문을 이행할 수 있으시다면, 저희는 이번 달 말까지 그것들을 받았으면 합니다. 곧 답변듣기를 고대하고 있겠습니다. 감사합니다.

Clay Gordon 올림
Visio Bio

Vocabulary

updated: 수정된, 업데이트된
establishment: 업체, 설립
portfolio: 작품집(묶음)
attractive: 매력적인
reliable: 신뢰할 수 있는
specification: 세부내용, 구체사항
fully colored: 완전히 색칠된
coated: 코팅된
cover: 표지, 겉면
carry out: 실행하다, 실시하다
estimated: 견적이 예상되는
budget: 예산

중요 표현

1. I **saw your establishment onlin**e, and **found your portfolio both attractive and reliable**.
   → 저는 귀사를 온라인에서 알게 되었고, 포트폴리오가 매력적이면서 신뢰할 수 있다고 생각했습니다.

   TEACHER'S NOTE

   ① 광고나, 업체를 어떻게 알게 되었는지 쓰는 것은 자연스럽다.
   ② 무엇을 어떻게 생각한다고 할 때, think 라는 표현보다는 find도 유용하다.

2. We need 300 copies of the handbook and **our specifications are as follows**.
   → 저희는 300부의 직원수첩이 필요하고 세부사항은 다음과 같습니다.

   TEACHER'S NOTE

   ① 이어서 자세한 내용을 언급할 때 '~ is/are as follows' 라는 표현을 쓰게 되면 '다음과 같습니다' 정도의 의미가 된다.

3. We **estimate the budget at $100** per copy, totaling about $3,000.
   → 저희는 한 권당 $100로 예산을 예상하고 총액은 약 $3000입니다.

   TEACHER'S NOTE

   ① expect 나 project 같은 동사들도 '예상한다' 는 표현을 쓸 수 있지만 estimate 도 쓰일 수 있다. 예를 들어 '(예산)을 ($100)로 예상(추산)한다'고 할 때 'estimate A at 수치'를 쓸 수 있다.

4. If you can **carry out this order within the estimated budget**,
   → 만약 귀사가 추산된 예산 내에서 이 주문을 이행할 수 있으시다면,

   TEACHER'S NOTE

   ① 할 수 있다는 표현을 do 라는 동사로 할 수 있지만 'carry out' 등의 표현도 유용하게 쓰일 수 있다.
   ② within이라는 전치사는 아주 유용한 전치사이다. 특히 '예산(범위) 내에' 라고 할 때 'within the budget(limit)' 이라는 표현을 활용하면 된다.

실전문제 3

> **PART 1. Making a Service Inquiry**
>
> **Directions:** Suppose that you want to change a carpet for your office. You are looking for a durable but elegant office carpet. You have already contacted several carpet providers, and one of these, Mr. Mark Tyler of BOE Top Flooring has emailed you asking about your specific needs. Now, write a letter of at least 80 words in response to his inquiry. You will have six (6) minutes to complete this part.
>
> In your letter, you must:
>
> - introduce yourself and your business, and why you are writing
> - state how large your office is and what material the carpet will be made of
> - ask about how long the work will take

Brain Storming – 생각 정리하기

☆★ 상황을 판단할 수 있는 부분을 적어 보세요.

1. _____
2. _____
3. _____
4. _____

★★ 세부내용을 파악해서 답변을 간단히 정리해 보세요.

1. _____
2. _____
3. _____
4. _____

Example

☆★ 상황을 판단할 수 있는 부분을 적어 보세요.

1. Want to change a carpet for your office.
2. Looking for a durable but elegant office carpet.
3. It should be customized.
4. Mr. Mark Tyler of BOE Top Flooring has emailed you asking about your specific needs.

★★ 세부내용을 파악해서 답변을 간단히 정리해 보세요.

1. I am Dave Park, owner of Giant Trading. We are a medium-sized trading company.
2. The office is about 250 square meters wide.
3. I want it to be made of hard-wearing nylon.
4. I wonder how long the work will take. I hope it can be done within 2 or 3 days.

Your Answer

Example Answer

To:	tmark@boetopflooring.com
Subject:	Description of carpet needed for the office

Dear Mr. Tyler,

Thank you for your kind reply with regard to my request for the customized carpet. As mentioned in the previous email, we are a small-sized trading company under renovation and need to install new carpet for the office.

The office where new carpet is going to be installed is about 250 square meters wide. I want the carpet to be made of hard-wearing nylon since many people including clients will move around on it. According to customer feedback on your website, you carry products that are both durable and elegant, which is exactly what I am looking for.

If you may fulfill these requirements, please reply to me with price estimates. I also wonder how long the work normally takes. I hope it can be done within 2 or 3 days so that the current renovation can be completed on schedule. I am looking forward to your answers.

Best regards,

Dave Park
Giant Trading

해석

수신: tmark@boetopflooring.com
제목: 사무실에 필요한 카펫의 설명

Tyler 씨께

맞춤형 카펫에 대한 저의 요청과 관련한 귀하의 친절한 답장 감사합니다. 이전 편지에서도 언급되었듯이, 저희는 개조작업이 진행중인 소규모 무역회사이고 사무실에 새로운 카펫을 설치할 필요가 있습니다.

새로운 카펫이 설치될 사무실은 약 250 평방미터입니다. 저는 고객들을 포함한 많은 사람들이 카펫 위에서 움직이기 때문에 튼튼한 나일론 소재로 만들어지길 원합니다. 업체의 웹사이트에 고객의견에 따르면 귀사는 내구성이 있고, 또한 우아한 제품을 취급하시는 데 그것이 정확히 제가 찾고 있는 것입니다.

만약 귀사가 이러한 요구사항을 이행하실 수 있다면, 이 주소로 견적서와 함께 저에게 답장 주십시오. 저는 또한 그 작업이 보통 얼마나 걸리는 지 궁금합니다. 현재의 개조작업이 예정대로 마무리될 수 있도록 2~3일 내에 이뤄졌으면 좋겠습니다. 답장 기다리겠습니다.

Dave Park 올림
Giant Trading

Vocabulary

reply: n. 답장, v. (+ to ~) 답장하다
customized: 맞춤형의
small sized: 작은 크기의
hard wearing: 오래가는
elegant: 우아한
price estimate: 가격견적서
on schedule: 일정대로

with regard to: ~에 대해
as mentioned: 언급한 대로(것처럼)
square meter: 평방미터
durable: 내구성 있는
fulfill: 이행하다, 만족시키다
wonder: 궁금해 하다

중요 표현

1. **As mentioned in the previous email**, we are a small-sized trading company **under renovation** and need to install new carpet for the office.
   → 이전 편지에서도 언급되었듯이, 저희는 개조작업이 진행중인 소규모 무역회사이고 사무실에 새로운 카펫을 설치할 필요가 있습니다.

   TEACHER'S NOTE
   ① 이전 편지나 대화에서 했던 언급을 재차 쓰게 될 때 유용하다.
   ② 수리, 개조작업에 있다는 언급을 할 때 쓸 수 있는 실용적인 표현이다.

2. I want the carpet to **be made of hard-wearing nylon**.
   → 저는 카펫이 튼튼한 나일론 소재로 만들어지길 원합니다.

   TEACHER'S NOTE
   ① 보통 제품의 어떤 소재를 언급할 때는 'be made of 소재' 표현을 쓸 수 있다. 제품소재의 디테일을 설명할 때 표현할 수 있다.

3. **According to customer feedback on your website**, you carry products that are both durable and elegant, which is **exactly what I am looking for**.
   → 업체의 웹사이트에 고객의견에 따르면 귀사는 내구성이 있고, 또한 우아한 제품을 취급하시는 데 그것이 정확히 제가 찾고 있는 것입니다.

   TEACHER'S NOTE
   ① 고객의견을 참고했다는 근거를 전달할 때 according to를 활용하면 좋다.
   ② 내가 원하는 바를 정확하게 언급할 때 쓸 수 있고, exactly를 넣어주면 더욱 강조되는 느낌이 된다.

실전문제 4

PART 1. Making a Service Inquiry

Directions: Suppose that you are planning to rent photocopiers for your business. You want them to be black and white. They must feature a fast copy speed and avoid paper jams. You hope they will be installed as soon as possible. You searched for several suppliers and will email Mr. Yoshida Hiroki of CBO Copiers to ask about the service and rate. Now, write a letter of at least 80 words. You will have six (6) minutes to complete this part.

In your letter, you must:

- explain your business and the specifications of photocopiers
- ask about the minimum rental period and rates
- check whether the repair service is available during the period

Brain Storming – 생각 정리하기

☆★ 상황을 판단할 수 있는 부분을 적어 보세요.

1. _____
2. _____
3. _____
4. _____

★★ 세부내용을 파악해서 답변을 간단히 정리해 보세요.

1. _____
2. _____
3. _____
4. _____

Example

☆★ 상황을 판단할 수 있는 부분을 적어 보세요.

1. Planning to rent photocopiers for your business.
2. You want them to be black and white.
3. Feature a fast copy speed and avoid paper jams.
4. They will be installed as soon as possible.

★★ 세부내용을 파악해서 답변을 간단히 정리해 보세요.

1. I am Kevin Wright, an operating manager of Derek Marketers.
2. We need to rent 3 photocopiers which are black and white.
3. What is the minimum rental period for copiers.
4. In case copiers are malfunctioning, will you send a technician to fix the problem?

Your Answer

 **Example Answer**

To: yoshihiroki@cbocopiers.co.jp
Subject: Queries about rental service and rate

Dear Mr. Hiroki,

I am Kevin Wright, serving as an operating manager of Derek Marketers. I am writing because we are planning to rent photocopiers from your business. There will be a need for three copiers which are all black and white.

First, please let me know how long we are obligated to rent machines. Is there a minimum rental period? At the moment, we would like to sign a one-year rental contract and decide whether to renew it afterwards. If this is possible, I wonder what the rental rate will be.

Last but not least, I want to make sure that you will be able to send a technician to fix any problem in case the copiers malfunction. I would appreciate your immediate reply. Thank you.

Sincerely,

Kevin Wright
Derek Marketers

> **해석**

수신:	yoshihiroki@cbocopiers.co.jp
제목:	임대서비스 및 비용에 대한 질문

Hiroki 씨께

저는 Derek Marketers에서 운영매니저로 근무하고 있는 Kevin Wright입니다. 저희는 귀 업체로부터 복사기를 임대하는 계획을 하고 있어서 편지를 드리게 되었습니다. 모두 흑백으로 3대의 복사기가 필요할 것 같습니다.

우선, 복사기를 얼마나 의무적으로 임대해야 하는지 알려주세요. 최소 임대기간이 있나요? 현재로서 저희는 1년 임대계약을 맺고 그 후에 갱신을 할 지에 대해 결정하고 싶습니다. 이것이 가능하다면, 임대비용이 어떻게 되는지 궁금합니다.

마지막으로 저는 복사기가 오작동하는 경우 문제를 고치기 위해 귀사가 기술자를 보내주실 수 있는 지를 확실하게 해 주시 길 원합니다. 신속한 답장 주신다면 감사할 것 같습니다. 감사합니다.

Kevin Wright 올림
Derek Marketers

Vocabulary

serve (as 직업/직책): (~로서) 일하다
rent: 임대/임차하다 (모두 가능)
photocopier: 복사기
black and white: 흑백
obligate: 의무를 지우다
sign: n. 표시, 증표 v. 사인하다
renew: 갱신하다
afterward(s): 그 후에
rental rate: 임대비용
last but not least: 마지막으로 (하지만 중요한)
make sure: 확실하게 하다
fix: 고치다, 수리하다
malfunction: 오작동하다

중요 표현

1. I am Kevin Wright, **serving as an operating manager** of Derek Marketers.
→ 저는 Derek Marketers에서 운영매니저로 근무하고 있는 Kevin Wright입니다.

TEACHER'S NOTE

① 어떤 직책으로 근무한다고 언급할 때 'serve as + 직책' 표현을 활용하면 좋다.

2. There will be a need for three copiers which are all black and white.
→ 모두 흑백으로 3대의 복사기가 필요할 것 같습니다.

TEACHER'S NOTE

① 일반적으로 '~에 대한 필요가 있다'는 표현을 할 때, 'there will be a need for ~'을 쓸 수 있다.

3. At the moment, we would like to sign a one-year rental contract and **decide whether to renew it afterwards**.
→ 현재로서 저희는 1년 임대계약을 맺고 그 후에 갱신을 할 지에 대해 결정하고 싶습니다.

TEACHER'S NOTE

① 현재를 나타내는 표현 중에 하나인 'at the moment' 역시 유용하다.
② 결정을 못했거나, 할 것이라고 할 때 'decide + whether to V' 표현을 쓰면 '~할 지 결정하다'는 표현이 된다.

4. Last but not least, I want to make sure that you will be able to send a technician to fix any problem in case the copiers malfunction.
→ 마지막으로 저는 복사기가 오작동하는 경우 문제를 고치기 위해 귀사가 기술자를 보내주실 수 있는 지를 확실하게 해 주시 길 원합니다.

TEACHER'S NOTE

① 마지막으로 중요한 언급을 할 때 문장 앞에서 쓰는 관용표현이다.

실전문제 5

PART 1. Making a Service Inquiry

Directions: Suppose that you are planning a summer vacation with your family. You want to book a travel package provided by a travel agency. There are four family members including you. All your family members enjoy water activities. You found a proper agency named Big Travel and decided to email one of the agents Mr. Jeong-woo Lee, asking about offerings. Now, write a letter of at least 80 words in response to his inquiry. You will have six (6) minutes to complete this part.

In your letter, you must:

- state why you are writing and your vacation plan
- ask him to recommend suitable travel packages for you
- tell him where you would like to travel, and your budget and duration

Brain Storming – 생각 정리하기

☆★ 상황을 판단할 수 있는 부분을 적어 보세요.

1. _____
2. _____
3. _____
4. _____

★★ 세부내용을 파악해서 답변을 간단히 정리해 보세요.

1. _____
2. _____
3. _____
4. _____

Example

☆★ 상황을 판단할 수 있는 부분을 적어 보세요.

1. Planning a summer vacation with your family.
2. Book a travel package provided by a travel agency.
3. Four family members including you.
4. All your family members enjoy water activities.

★★ 세부내용을 파악해서 답변을 간단히 정리해 보세요.

1. I am writing to obtain more information about your travel packages before booking.
2. Since my family members all enjoy water activities, I would like to book a package which covers swimming, snorkeling, scuba diving and so on.
3. I am planning to travel abroad to one of the Southeast Asian countries.
4. I am going on a vacation for four nights and have a budget of about $10,000.

Your Answer

Example Answer

To: leejeongwoo@bigtravel.com
Subject: Inquiries about your travel packages

Dear Mr. Lee,

I saw your travel agency online. I am writing to obtain more information regarding your travel packages before booking. Now, I am planning to go on a summer vacation with my family. There are four people in my family.

Because my family members all enjoy water activities so much, I would like to book a package which covers swimming, snorkeling, scuba diving, and so on. Given this preference, please let me know which offering is most suitable for my family. In fact, we hope to travel abroad to one of the South Asian countries.

We are planning a vacation for four nights and have a budget of about $10,000. I would appreciate it if you could make a recommendation based on what I mentioned above. I hope to hear from you soon. Thank you.

Best regards,

Clare Mitch

> **해석**

수신:	leejeongwoo@bigtravel.com
제목:	귀사의 여행상품에 대한 질문

Lee 씨께

저는 귀하의 여행업체를 온라인으로 보았습니다. 저는 예약 전에 귀사의 여행상품들에 대한 더 많은 정보를 얻기 위해 연락을 드립니다. 현재 저는 가족들과 여름휴가 가는 것을 계획하는 중입니다. 저희 가족은 모두 4명입니다.

저희 가족들이 모두 수상레저를 아주 많이 즐기기 때문에, 저는 수영, 스노쿨링, 스쿠버다이빙 등을 포함하는 상품을 예약하고 싶습니다. 이러한 선호를 고려해서 저희 가족을 위해 어떤 상품이 가장 적합한지 알려주시기 바랍니다. 실제로 저희는 동남아 국가들 중 한군데로 여행가기를 희망합니다.

저희는 4박으로 휴가를 계획 중이고, 약 $10,000의 예산을 가지고 있습니다. 제가 앞서 언급한 것들을 바탕으로 추천을 해 주신다면 감사할 것 같습니다. 곧 답장주시길 바라겠습니다. 감사합니다.

Clare Mitch 올림

Vocabulary

obtain: 얻다, 획득하다
regarding: ~에 대한
go on a vacation: 휴가 가다
water activities: 수상활동(놀이)
given: ~를 고려해 보면
preference: 선호
offering: 상품(즐기는 것)
abroad: 해외로

중요 표현

1. **There are four people** in my family.
   → 저희 가족은 모두 4명입니다.

   TEACHER'S NOTE

   ① 가족의 인원을 언급할 때는 'there are 숫자' 표현이나 'family members are 숫자' 이정도가 적합하다.

2. I would like to book a package **which covers swimming, snorkeling, scuba diving, and so on**
   → 저는 수영, 스노클링, 스쿠버다이빙 등을 포함하는 상품을 예약하고 싶습니다.

   TEACHER'S NOTE

   ① 여행패키지 등에서 포함 사항을 언급할 때, include 라는 단어도 괜찮지만 보통 cover 라는 동사를 많이 활용한다.

3. **Given this preference**, please let me know which offering is most suitable for my family.
   → 이러한 선호를 고려해서 저희 가족을 위해 어떤 상품이 가장 적합한지 알려주시기 바랍니다.

   TEACHER'S NOTE

   ① '~을 고려해서, 감안해서' 등의 표현을 할 때 'given' 이라는 단어를 쓰면 유용하다. 그리고 given 대신 'considering'을 써도 괜찮다.

4. We are planning a vacation for four nights and have **a budget of about $10,000**.
   → 저희는 4박으로 휴가를 계획 중이고, 약 $10,000의 예산을 가지고 있습니다.

   TEACHER'S NOTE

   ① 예산을 언급할 때 'have a budget of 금액' 을 쓰면 자연스럽게 표현할 수 있다.

PART 2. Sending a Quotation / Letter

Part 2에서는 글쓴이가 상품/서비스 공급업자가 되어 고객(client)에게 상품/서비스와 관련된 정보, 특히 가격이나 배송 등을 설명하는 글이다. 상황(situation)이 주어지고 필수적으로 담겨야 할 정보지침(direction)이 제공되므로 상황을 잘 이해한 다음 작문에 그 정보들을 포함시키는 것이 중요하다. 12분의 시간이 주어지고 100자 이상의 단어들로 구성된 작문이 요구된다.

 전략 (Strategy)

1 지시문의 핵심을 잘 파악하여 상황에 맞는 글을 써야 한다.

> ***Directions:*** Write a price quotation of **at least 100 words** based on the following situation. Make sure to include all **the information provided by the situation, and to create an appropriate subject, greeting, and closing**. Remember to include additional detail based on the situation provided. You will have **twelve (12) minutes to complete this part**.
>
> > Suppose that a customer, **Mr. Robinson**, is interested in **buying office supplies** from your company, and **wants to inquire about your delivery costs**. You are offering him **two options**. One option allows **Mr. Robinson to place an order for less than $300, but then he will have to pay for delivery. The shipping costs for deliveries within the city starts at $1**. The other **option will not charge him for delivery, but he should make a purchase of $300 or more**. **The latter purchase will also entitle him to a 10% discount**. You will now write him a price quotation.
>
> In your letter, you must:
>
> - **write the types and price range of the products** you sell
> - explain **the two delivery options and discount you offer**
> - state **how the products will be delivered** and **how long a delivery takes**

- **describe the specific requirements** for the notebooks
- **state how many** custom notebooks you need and **what your budget** is
- **set a deadline** and **ask about the methods of delivery**

1-1) 먼저 '어떤 상품/서비스'가 '어떤 종류'들이 있는지 잘 파악해야 한다.

- **two options for office supplies delivery costs** (전체상황: 사무용품의 배송옵션이 2가지 있다)
- **Mr. Robinson to place an order for less than $300, but then he will have to pay for delivery. The shipping costs for deliveries within the city starts at $1**. (옵션1: $300이하의 주문에 대해 시내지역 $1에서부터 배송비용 시작한다.)
- **The other option will not charge him for delivery, but he should make a purchase of $300 or more. The latter purchase will also entitle him to a 10% discount**. (옵션2: $300 이상의 주문에 대해서는 무료배송과 전체금액에서 10%할인까지 제공한다.)

※ 지침에서 파악해야 하는 것은 **1. 무슨 상품/서비스** 2. 어떤 종류로 구성 등 이 **2가지를 분명하게 파악**이 되어야 하고, 그리고 나서 고객에게 견적을 보내야 한다.

1-2) 구체적인 세부 내용 (3가지)을 파악하고 대강의 브레인스토밍(brain-storming)을 하고 작문을 시작하는 것이 좋다. Part 2는 12분 정도로 브레인스토밍 할 시간을 더 확보할 수 있으므로 약 2분(최대 3분)정도는 머리속으로 틀을 구성하는 것이 매우 중요하다.

- **write the types and price range of the products** (세부내용1: Part 2에서 가장 중요하게 분석해야 하는 물건의 종류와 가격은 그 물건에 맞게 임의로 책정)

    1. 물건/서비스의 종류: office supplies (사무용품), Internet service plan (인터넷 상품), travel package (여행상품), language institute (언어학원) 등
    2. 가격 범위: start from $5 ($5부터 시작합니다), range from $3 ($3부터 시작합니다) 등

- **the two delivery options and discount you offer** (세부내용2: 배송비 부과와 배송비 면제 옵션)

    1. 2개의 배송옵션: less than $300 – $10 shipping charge, $300 or more – free shipping
    2. 할인: $300 or more – 10% discount on the total price

- **how the products will be delivered** and **how long a delivery takes** (세부내용3: 배송방법 및 배송기간)

    1. **배송방법**: the order will be bubble-wrapped to avoid any damage while in transit. (기포 비닐포장재)
    2. **배달기간:** anticipated time of delivery is two business days. (2 근무일)

2 제목, 도입부, 내용부분, 마무리를 미리 계획해 본다.

2-1) 제목을 5~6개 단어들을 이용하여 간단하지만 분명한 메시지를 전달할 수 있도록 한다.

2-2) 도입부는 2~3개 문장, 내용부분은 3~4개 문장, 마무리는 2~3개 문장 정도로 구성하는 것이 적절하다. (최소 100단어 이상)

2-3) 고객에게 쓰는 글이라는 점을 고려해서 보편적으로 많이 쓰는 표현을 미리 숙지해 둬서 자연스럽고 상황에 적절한 내용을 쓸 수 있도록 한다.

- Thank you for your business (거래해 주셔서 감사합니다)
- I hope to serve you soon. (서비스를 제공하길 희망합니다)

※ Part 2 같은 경우는 고객에게 쓰는 '견적서'이기 때문에 기본적으로는 감사하다는 표현 예를 들어 'Thank you for your interest (관심)' 등의 표현을 잘 활용하면 좋다.

EXAMPLE WRITING

To: grobinson@worldmail.com

제목

Subject: Purchasing Options for Office Supplies

Dear Mr. Robinson,

도입부

Thank you for your interest in our services at Vanguard Office Supplies Center. We are pleased to offer you two options in the case that you want to proceed in buying office supplies from us.

내용부분

The prices of our office supplies range from $1 for small items, like premium ballpoint pens, to $300 for items like office printers. If you place an order for a total amount of less than $300, you will have to assume the cost of shipping. The shipping cost starts at $1 for deliveries within the city and is adjusted based on the size and weight of the order.

On the other hand, if you make a total purchase of $300 or more, the shipping will be free. You will also be entitled to a 10% discount on the total amount of your purchase.

마무리

For the delivery, the office supplies will come in a bubble-wrapped box to prevent damage. The expected time of delivery is two business days after the order is received.

I look forward to doing business with you.

Best regards,
Tony Benson

제목

제목은 보통 5~6 단어들로 내용을 명확하게 보여줄 수 있는 표현을 쓰는 것이 적절하다. 본 글에서는 사무용품들의 구매에 따른 배송비 차이를 전달하려는 내용이기 때문에 'Purchasing Options for Office Supplies' 정도로 표현할 수 있다.

도입부

도입부에서는 고객에게 대한 '흥미, 관심'에 대한 감사함을 먼저 전달하는 것이 자연스럽다. 때에 따라서는 (본인)업체에 대한 설명(장점)을 추가하는 것도 괜찮다. 하지만 도입부에서는 글을 쓰는 목적을 쓰는 것이 중요하고 Part 2 에서는 제안할 수 있는 옵션들의 수에 대한 언급을 함으로써 목적을 나타낼 수 있다.

1. 감사의 인사
2. 글을 쓰는 목적

내용부분

내용부분에서는 역시 지침(direction)에서 파악된 내용을 바탕으로 세부적인 미션들을 자연스럽게 언급하도록 노력한다. 본 글에서는 가격의 범위가 중요하고, 또 2개의 구매옵션에 대해서 하나씩 언급을 하되 너무 길어지는 경우에는 단락(paragraph)을 띄우는 것도 괜찮다. 내용부분을 2단락으로 구성하는 것이다.

1. 판매제품들과 가격의 범위
2. 구매옵션 1: 배송비 부과
3. 구매옵션 2: 배송비 면제 + 10% 할인

마무리

마무리에서는 최종적인 세부내용인 3번 사항이었던 배송방식과 기간에 대한 언급을 하면서 마무리하는 것이 적절하고 거래에 대한 기대감이나 연락에 대한 감사를 전달하는 것이 이상적인 끝맺음이라고 할 수 있다.

1. 배송방법에 대한 답변
2. 배송기간에 대한 답변
3. 거래에 대한 기대(희망)

해석

수신: grobinson@worldmail.com

제목: 사무용품에 대한 구매 선택사항

Robinson 씨께,

Vanguard Office Supplies Center에서 저희 상품들에 대한 귀하의 관심에 감사드립니다. 저희로부터 사무용품을 구매하시는 것을 진행하시기를 원하는 경우 귀하께 두 가지 선택사항을 제공해 드리게 되어 기쁘게 생각합니다.

저희 사무용품들의 가격은 고급 볼펜과 같은 작은 상품들에 대해서 $1에서부터 사무용 프린터와 같은 제품들은 $300까지 다양합니다. 만약 총 금액 $300 미만의 주문을 하신다면 배송비용을 부담 해야 할 것 같습니다. 배송비는 도시 내에서는 $1에서 시작을 합니다. 그리고 주문의 크기나 무게에 따라 조정됩니다.

반면에 $300 이상의 총 구매를 하신다면 배송비는 무료가 될 것입니다. 귀하께서는 그 구매에 대해 10%할인도 받으실 수 있습니다.

배송에 대해서는 사무용품들은 파손을 예방하기 위해 기포 비닐포장으로 쌓여 있는 박스에 담겨 질 것입니다. 배송 예상기간은 주문이 들어온 시점에서 영업일 기준 2일입니다.

귀하와 거래하기를 기대합니다.

Tony Benson 올림

실전문제 1

PART 2. Sending a Price Quotation / Letter

Directions: Write a price quotation of at least 100 words based on the following situation. Make sure to include all the information provided by the situation, and to create an appropriate subject, greeting, and closing. Remember to include additional detail based on the situation provided. You will have twelve (12) minutes to complete this part.

Suppose that a customer, Ms. Roberts, is interested in reserving sightseeing trips offered by your company, and sent an email to ask about them. Suitable packages that you want to recommend to her are listed in detail below.

Delicacy of Shanghai	Pudong Exploration
Every Mon-Wed 4 p.m. to 9 p.m.	Every Thurs & Fri
– Sampling the best local cuisines at the city's famous restaurants – After taste tour with catered dinner along Huangpu River	– Starting with guided tour of Pudong New Area – Visiting high-rise buildings and hearing interesting stories about the area
ticket price: $ 200 (per person)	ticket price: $ 60 (per person)

In your letter, you must:

- explain suitable city trips to her
- give her detailed information of each trip
- tell her the price difference between the two trips

Brain Storming – 생각 정리하기

☆★ 상황을 판단할 수 있는 부분을 적어 보세요.

1. _____
2. _____
3. _____
4. _____

★★ 세부내용을 파악해서 답변을 간단히 정리해 보세요.

1. _____
2. _____
3. _____
4. _____

Example

☆★ 상황을 판단할 수 있는 부분을 적어 보세요.

1. Interested in reserving sightseeing trips.
2. Suitable packages that you want to recommend to her.
3. Delicacy of Shanghai & Pudong Exploration.

★★ 세부내용을 파악해서 답변을 간단히 정리해 보세요.

1. There are two suitable sightseeing trips among our offerings.
2. Delicacy of Shanghai is available every Monday to Wednesday, 4p.m. to 9p.m.
3. Pudong Exploration is offered every Thursday and Friday.
4. Delicacy of Shanghai costs $200 per person while the ticket price of Pudong Exploration is $60.

Your Answer

 **Example Answer**

To: rirene@gmsmail.com
Subject: Recommending two travel packages

Dear Ms. Roberts,

Greetings from Megatravel.

Thank you for your interest in booking our travel package. There are two suitable sightseeing trips in Shanghai at the moment. Let me introduce both of them below.

Delicacy of Shanghai is one of our increasingly popular options. This tour takes place every Monday through Wednesday, from 4 p.m. to 9 p.m. It includes sampling the finest local foods at the city's famous restaurants and then a romantic catered dinner along the River Huangpu. You can enjoy all this at an amazing price of $200 per person.

On the other hand, we can also offer you a fascinating trip called Pudong Exploration, occurring every Thursday and Friday. This features a guided tour of Pudong New Area, where you will visit high-rise buildings and hear interesting stories about the district. The ticket price will be $60 per person.

Due to the high popularity of these tours, reservations are highly recommended. Please feel free to call 333-5458 with questions anytime, including weekends, between 10 a.m. and 6 p.m.

Best regards,

Lorenzo Zhang

> **해석**

수신:	rirene@gmsmail.com
제목:	두 개의 여행 상품 추천

Roberts 씨께

Megatravel.com 에서 인사 드립니다

저희 여행상품을 예약하는 데 관심 가져 주셔서 감사합니다. 현재 Shanghai에서 두 개의 가장 적절한 관광이 있습니다. 아래에 그 두 개를 소개해 드리겠습니다.

Delicacy of Shanghai는 저희가 보유하고 있는 점점 더 인기를 얻고 있는 상품입니다. 이 관광은 매주 월요일부터 수요일까지 오후 4시부터 오후 9시까지 진행이 됩니다. 그것은 도시의 유명한 식당 들에서 최상의 지역음식을 약간씩 맛보는 것과, 맛집 기행 후에는 Huangpu 강을 따라 근사한 제공저녁을 포함합니다. 귀하께서는 한 사람당 놀라운 가격인 $200에 이 모든 것을 즐길 수 있습니다.

반면에 저희는 또한 귀하께 매주 목요일에서 금요일까지 진행되는 Pudong Exploration이라고 불리는 또 다른 흥미로운 여행을 제안합니다. 이것은 Pudong New Area의 가이드가 있는 관광과 마천루들을 방문하는 것 그리고 그 지역의 흥미로운 이야기들을 들어보는 것을 특징으로 합니다. 티켓가격은 한 사람당 $60가 될 것입니다.

이것들에 대한 높은 인기로 인해, 예약이 매우 장려됩니다. 오전 10에서 오후 6시 사이에 주말을 포함해서 언제든 질문이 있으시다면 333-5458로 부담없이 연락주세요.

Lorenzo Zhang 올림

Vocabulary

suitable: 어울리는, 잘 맞는
at the moment: 현재, 지금
sample: n. 샘플, 표본 v. 시음/시식하다(맛보다)
catered: 음식이 공급되는
occur: 일어나다, 발생하다

sightseeing trip: 관광
increasingly: 점점 (더)
take place: 일어나다, 발생하다
fascinating: 흥미로운 (= very interesting)
feature: n. 특징, 요소 v. ~을 특징으로 하다

중요 표현

1. **This tour takes place** every Monday through Wednesday, from 4 p.m. to 9 p.m.
   → 이 관광은 매주 월요일부터 수요일까지 오후 4시부터 오후 9시까지 진행이 됩니다.

   TEACHER'S NOTE

   ① 관광 등이 시작, 진행된다고 할 때 'take place' 라는 동사표현은 아주 유용하다.

2. You can enjoy all this **at an amazing price of $200 per person**.
   → 귀하께서는 한 사람당 놀라운 가격인 $200에 이 모든 것을 즐길 수 있습니다.

   TEACHER'S NOTE

   ① 가격을 언급할 때는 전치사 'at'을 써서 나타 낼 수 있다. 해석으로는 'OOO(가격)으로/에' 정도로 할 수 있다.

3. This **features a guided tour** of Pudong New Area, where you will visit high-rise buildings and hear interesting stories about the district.
   → 그것은 도시의 유명한 식당 들에서 최상의 지역음식을 약간씩 맛보는 것과, 맛집 기행 후에는 Huangpu 강을 따라 근사한 제공저녁을 포함합니다.

   TEACHER'S NOTE

   ① feature 라는 동사는 주어의 특징, 요소 등을 뒤에 이어(목적어) 쓰면 된다.
   ② 보통 여행/관광 등에서 가이드가 함께 하는 것을 'guided tour' 라고 표현한다. 여행상품 등을 언급할 때 유용하게 활용할 수 있다.

4. Due to the high popularity of these tours, **reservations are highly recommended**.
   → 이것들에 대한 높은 인기로 인해, 예약이 매우 장려됩니다.

   TEACHER'S NOTE

   ① 공간 협소함, 인기 등으로 인해 예약을 장려할 때 활용하기 좋은 표현이다.

 실전문제 2

PART 2. Sending a Price Quotation / Letter

Directions: Write a price quotation of at least 100 words based on the following situation. Make sure to include all the information provided by the situation, and to create an appropriate subject, greeting, and closing. Remember to include additional detail based on the situation provided. You will have twelve (12) minutes to complete this part.

Mr. Walton is interested in using your moving service and wants to request a price quotation. Based on the number of movers, rates are varied and at least two hours are required. Before a final estimate, one of our movers must visit his place. Standard rates are shown below.

1 mover: $100
2 movers: $170
3 movers: $230
4 movers: $300

In addition, a weekday move will receive 20% off the standard rates.

In your letter, you must:

- explain the rates and the time requirement
- explain how a discount will apply
- ask him about the best time to visit his place.

Brain Storming – 생각 정리하기

☆★ 상황을 판단할 수 있는 부분을 적어 보세요.

1. _____
2. _____
3. _____
4. _____

★★ 세부내용을 파악해서 답변을 간단히 정리해 보세요.

1. _____
2. _____
3. _____
4. _____

✏ Example

☆★ 상황을 판단할 수 있는 부분을 적어 보세요.

1. Interested in using your moving service and wants to request a quotation.
2. Based on the number of movers, rates are varied and at least two hours are required.
3. One of our movers must visit his place. Standard rates are shown below.

★★ 세부내용을 파악해서 답변을 간단히 정리해 보세요.

1. Our moving service requires at least two hours.
2. If you book your move during weekdays, 20% off the standard rates will apply.
3. One of our movers must visit your location in order to give you an accurate estimate.
4. Please let me know when is most convenient for you.

Your Answer

Example Answer

To: wdavid@findesign.com
Subject: Responding to your quote request

Dear Mr. Walton,

Thank you for your request for a quote from Mighty Movers. We are a moving company with over 20 years of experience. We promise to serve you with the utmost care.

The rate will vary based on the number of movers required for the job. Moreover, all services require a two-hour minimum. If the job needs only one mover, it will cost $100. Two professional movers will add $70, and three will be an additional $130. The cost of a crew of four movers will be $300, which is $200 more than that of one mover. We have a special offer that gives you 20% off for a weekday move.

However, each job sometimes requires special equipment, so additional charges may occur. To get a more accurate estimate, one of our movers must visit your place in advance. Please let me know when is most convenient for you.

If you have more questions about the quote, do not hesitate to call our office at 454-777-2590. I look forward to serving you in the near future.

Sincerely,

Matt Bryant

> **해석**

> 수신: wdavid@findesign.com
> 제목: 귀하의 견적 요청에 대한 답변

> Walton 씨께
>
> Mighty Movers에서 견적에 대한 귀하의 요청에 감사드립니다. 저희는 20년 넘는 경험을 가진 이사 업체입니다. 저희는 최선의 주의를 가지고 귀하를 모실 것을 약속 드립니다.
>
> 요금은 작업에 요구되는 이사직원들의 수에 기반으로 변경될 것입니다. 뿐만 아니라 모든 작업은 최소 2시간을 요구합니다. 만약 작업이 오직 한 명의 이사직원을 필요로 한다면 비용은 $100가 될 것입니다. 2명의 전문 이사직원들은 $70가 추가될 것이고, 3명은 추가적인 $130가 부가될 것입니다. 4명의 이사직원 팀의 비용은 한 명의 이사직원의 비용보다 $200가 많은 $300가 될 것입니다. 저희는 주중 이사에 대해서 비용에 있어서 20% 할인을 드리는 특별제안을 가지고 있습니다.
>
> 하지만, 각 작업은 때때로 특별한 장비를 요구하기 때문에 추가적인 요금이 발생할 수도 있습니다. 더 정확한 견적을 받으시기 위해서는, 저희 직원 중 한 명이 귀하의 장소에 미리 방문해야만 합니다. 가장 편하실 때를 알려주십시오.
>
> 만약 견적에 대한 추가적인 질문이 있다면, 454-777-2590 저희 사무실로 부담없이 전화주세요. 저는 가까운 시일 내에 귀하를 모시게 되길 기대하겠습니다.
>
> Matt Bryant 올림

Vocabulary

quote: 견적, 인용
rate: 비용, 비율
minimum: 최소
a crew of ~: ~의 팀
estimate: n. 견적서 v. 예상하다

utmost: 최고의, 극도의
vary: 다양하다, 변하다
charge: 요금(부과하다)
accurate: 정확한
hesitate (to V): 망설이다

중요 표현

1. We are a moving **company with over 20 years of experience**.
→ 저희는 20년 넘는 경험을 가진 이사 업체입니다.

TEACHER'S NOTE

① 회사를 설명할 때 활용할 수 있으며 특히 경험 등을 언급할 때 쓰면 유용하다.

2. The rate will vary based on the number of movers required for the job.
→ 요금은 작업에 요구되는 이사직원들의 수에 기반으로 변경될 것입니다.

TEACHER'S NOTE

① 어떤 부분을 근거, 기반으로 할 때 쓰면 아주 적합하고, 지금처럼 요금을 언급할 때 어떤 기준으로 변동되는 지 나타내는 표현이다.

3. Let me know when is most convenient for you.
→ 가장 편하실 때를 알려주십시오.

TEACHER'S NOTE

① 방문이 요구되는 혹은 시간약속을 잡아야 하는 업무일 경우 고객에게 가장 편리한 시간을 물을 때 쓸 수 있는 유용한 표현이다.

4. I **look forward to serving yo**u in the near future.
→ 저는 가까운 시일 내에 귀하를 모시게 되길 기대하겠습니다.

TEACHER'S NOTE

① 관심을 표현하거나 견적을 요청한 고객에게 답변을 하면서 차후에 계속 거래를 진행하길 바란다는 의미로 쓸 수 있는 일반적인 표현이다.

실전문제 3

PART 2. Sending a Price Quotation / Letter

Directions: Write a price quotation of at least 100 words based on the following situation. Make sure to include all the information provided by the situation, and to create an appropriate subject, greeting, and closing. Remember to include additional detail based on the situation provided. You will have twelve (12) minutes to complete this part.

Suppose that you own a company that sells fabric printing machines. Mr. Hwang, a potential customer, contacted you about buying a suitable one. He needs something fast because his company frequently processes orders in bulk. He therefore requests product lists and your recommendation. With a special promotion, shipping fees will be exempted this month only. Products you will recommend are listed below.

- Elitu 600: MSRP $22,499, ideal for white and black fabrics. Two-year warranty provided.
- Mohai V713: MSRP18,950, economical and small sized. One-year warranty provided.
- Keystone 55: MSRP $23,850, fast speed but produces high quality. One-year warranty provided.

In your letter, you must:

- tell him how many machines you can recommend
- describe different features among machines and what your recommendation is
- explain this month's special promotion to him

Brain Storming – 생각 정리하기

☆★ 상황을 판단할 수 있는 부분을 적어 보세요.

1. _____
2. _____
3. _____
4. _____

★★ 세부내용을 파악해서 답변을 간단히 정리해 보세요.

1. _____
2. _____
3. _____
4. _____

Example

☆★ 상황을 판단할 수 있는 부분을 적어 보세요.

1. You own a company that sells fabric printing machines.
2. Mr. Hwang, a potential customer, contacted you and needs something fast because the company frequently processes orders in bulk.
3. With a special promotion, shipping fees will be exempted this month only.

★★ 세부내용을 파악해서 답변을 간단히 정리해 보세요.

1. I can personally recommend three machines.
2. Elitu 600, costing MSRP $22,499, may produce the best quality on white and black fabrics.
3. While the price of Mohai V713 looks more beneficial, Keystone is much faster.
4. During this month only, you are exempt from delivery fees due to our special promotion.

Your Answer

Example Answer

To: jinsuhwang@fineshirts.co.kr
Subject: Recommendation for suitable fabric printers

Dear Mr. Hwang,

Greetings from Flex Printing Tech.

We, Flex Printing Tech, are one of the best printing machine suppliers in the nation. The company carries a wide array of fabric printing machines from around the globe. As for your request, there are three products I personally recommend for you.

Elitu 600 is considered ideal for white and black fabrics, costing MSRP $22,499. This model is under a two-year warranty. An increasing number of customers have recently left positive reviews online. Another recommended one is Mohai V713. This is small sized and economical. You can even bring the machine with you wherever you want to. It costs MSRP $18,950, including a one-year warranty. The last one, Keystone 55, may be the best option you can choose. It boasts fast speed but high quality. As I understand that you frequently deal with orders in bulk, you will surely be satisfied with its performance. The price of this machine is MSRP $23,850, including a one-year warranty.

We normally charge shipping costs of $30-50 based on the machine. However, these fees will be exempt this month only with our special promotion.

You may see product reviews from many of our customers on our website, www.flexprinting.com. If you have any questions about our products, please contact me directly. Thank you so much for your interest.

Best wishes,

Kennedy Decker

> **해석**

수신:	jinsuhwang@fineshirts.co.kr
제목:	적절한 섬유인쇄기에 대한 추천

Hwang 씨께

Flex Printing Tech에서 인사 드립니다.

저희 Flex Printing Tech는 국내 최고의 인쇄기 공급업자들 중 하나입니다. 저희는 전세계의 다양한 섬유 인쇄기를 취급합니다. 귀하의 요청에 따라, 제가 개인적으로 귀하께 추천 드리는 세 가지 제품들이 있습니다.

Elitu 600은 흑백 섬유에 이상적으로 간주되고 권장소비자가 $22.499에 이릅니다. 이 제품은 2년의 보증기간이 있습니다. 점점 더 많은 소비자들이 최근에 온라인으로 긍정적인 평가를 남겼습니다. 또 다른 추천되는 것은 Mohai V413입니다. 이것은 작은 크기와 절약형입니다. 귀하가 심지어 원하시는 어디라도 가지고 다니셔도 될 것입니다. 그것은 1년 보증서를 포함하여 권장소비자가 $18,950입니다. 마지막 Keystone 55는 귀하가 선택할 수 있는 최고의 옵션이 될 것입니다. 그것은 빠른 스피드지만 높은 품질을 자랑합니다. 제가 귀하께서 빈번하게 대량 주문을 처리한다는 점을 알고 있기 때문에 귀하는 성능에 틀림없이 만족하실 것입니다. 이 기계의 가격은 1년 보증서를 포함하여 권장소비자가 $23,850입니다.

저희는 보통 기계에 따라 $30~$50의 배송비용을 부과합니다. 하지만 이 비용은 이번 달만 특별 프로모션으로 인해 면제가 될 것입니다.

귀하께서는 저희 웹사이트, www.flexprinting.com에서 많은 저희 고객들의 제품후기를 보실 수 있습니다. 제품들에 대한 어떠한 질문이라도 저에게 직접 연락 주십시오. 귀하의 관심에 대단히 감사드립니다.

Kennedy Decker 올림

Vocabulary

an (wide) array of ~: 다양한 ~
fabric: 직물, 천
personally: 직접, 개인적으로
exempt: a. 면제되는, v. 면제하다

중요 표현

1. The company **carries a wide array of fabric printing machines** from around the globe.
→ 저희는 전세계의 다양한 섬유 인쇄기를 취급합니다.

TEACHER'S NOTE

① 보통 상품을 판매(취급)한다고 할 때 단순히 sell이라는 단어를 이용할 수도 있지만 carry 라는 단어도 적절히 사용할 수 있다.
② 다양한이라는 의미의 표현이 많지만 'a (wide) array of 상품들' 이라는 표현은 아주 유용하다.

2. This model is **under a two-year warranty**.
→ 이 제품은 2년의 보증기간이 있습니다.

TEACHER'S NOTE

① 보통 under 뒤에 기간+warranty를 쓰게 되면 '~기간 보증기간 하에 있다'는 의미가 된다.

3. These fees **will be exempt** this month only with our special promotion.
→ 이 비용은 이번 달만 특별 프로모션으로 인해 면제가 될 것입니다.

TEACHER'S NOTE

① 어떤 비용이나 의무가 면제된다고 할 때 'exempt' 형용사를 활용하면 자연스럽게 표현이 가능하다.

 **실전문제 4**

PART 2. Sending a Price Quotation / Letter

Directions: Write a quotation of at least 100 words based on the following situation. Make sure to include all the information provided by the situation, and to create an appropriate subject, greeting, and closing. Remember to include additional detail based on the situation provided. You will have twelve (12) minutes to complete this part.

Suppose that you are a chief editor of Bartez's Food and in charge of putting advertisements in the magazine. The magazine has over 25,000 readers both in print and online. Ms. Ju-hee Moon, the owner of Moon's Kitchen, wants to promote her restaurant. There are three options for her below. For the first time customer, a 10% discount will apply. You will now write her a quotation.

option	Format	Price (Per Month)
1	One full-page print & 5" × 3" website ad	$575
2	One half-page print & 4" × 3" website ad	$480
3	One half-page print & 3" × 2" website ad	$395

In your letter, you must:

- explain how many readers subscribe to the magazine
- state the cost of three options, including the format and duration
- explain a discount offered to the first-time customer

Brain Storming – 생각 정리하기

☆★ 상황을 판단할 수 있는 부분을 적어 보세요.

1. _____
2. _____
3. _____
4. _____

★★ 세부내용을 파악해서 답변을 간단히 정리해 보세요.

1. _____
2. _____
3. _____
4. _____

Example

☆★ 상황을 판단할 수 있는 부분을 적어 보세요.

1. The magazine has over 25,000 readers both in print and online.
2. Ms. Ju-hee Moon, an owner of Moon's Kitchen, wants to promote her restaurant.
3. There are three options for her below. For the first time customer, a 10% discount will apply.

★★ 세부내용을 파악해서 답변을 간단히 정리해 보세요.

1. There are three options you may choose from. Please let me explain them in detail.
2. Option 1 includes one full-page print plus 5″ x 3″ website ad, which costs $575.
3. All prices of options are based on one month.
4. If you place the first order, you will benefit from a 10% discount.

Your Answer

 **Example Answer**

To: juhee7750@moons.com
Subject: Answers to your question about advertising

Dear Ms. Moon,

Thank you for contacting Barthez's Food, one of the nation's leading gourmet magazines. I am a chief editor in charge of advertisements in the magazine. We have over 25,000 readers both in print and online, which will help expand your customer base. Let me outline our advertising formats and prices for you.

First of all, you may go with one full page print as well as 5″ x 3″ website ad at the rate of $575. If you want to attract customers' notice quickly, there will be nothing better than this choice. Also, one half page print plus 4″ x 3″ website ad will cost you $480 while the same size print plus 3″ x 2″ website ad will be $395. All of these options are based on one-month duration. For the first time advertiser like you, a 10% introductory discount will apply.

I am certain that you will benefit from our extensive readership and awareness. If there is anything you are curious about, please email me directly. I look forward to doing business with you.

Sincerely,

Rachel Lomo

> **해석**

수신:	juhee7750@moons.com
제목:	광고에 대한 당신의 질문에 대한 답변

Moon 씨께

국내 유수의 미식 잡지 Barthez's Food에 연락 주셔서 감사합니다. 저는 잡지에서 광고를 책임지고 있는 수석 편집자입니다. 저희는 인쇄판과 온라인 모두에서 25,000명 이상의 독자를 보유하고 있고, 이것은 귀하의 고객층을 확장하는데 도움이 될 것입니다. 귀하를 위해 광고형식과 가격을 정리해 드리겠습니다.

우선, 귀하께서는 $575의 비용으로 5″ x 3″ 웹사이트 더불어 전면 페이지 광고를 선택하실 수 있습니다. 만약 귀하께서 고객들의 관심을 신속하게 얻기를 원한다면 이 선택보다 더 좋은 것은 없을 것입니다. 또한 4″ x 3″ 웹사이트와 더해 ½ 페이지 광고는 $480가 될 것이고 3″ x 2″ 웹사이트와 같은 사이즈 페이지 광고는 $395가 될 것입니다. 이 모든 선택들은 1개월 기간을 기준으로 합니다. 귀하와 같은 첫 광고주에 대해서는 10%의 첫 할인이 적용될 것입니다.

저는 귀하께서 저희의 광범위한 독자층과 인지도에 도움을 얻으실 것이라고 확신합니다. 궁금한 것이 있으시다면 저에게 직접 이메일 주십시오. 저는 귀하와 거래되길 기대하겠습니다.

Rachel Lomo 올림

Vocabulary

gourmet: 미식가
expand: 확장하다
outline: 개요(를 정리하다)
attract: 끌어들이다, 모집하다
introductory: 첫, 소개의
extensive: 광범위한
(brand) awareness: (브랜드) 인지, 인지도

chief editor: 수식 편집자 (편집장)
customer base: 고객층
format: 틀(을 잡다)
duration: 기간, 지속
certain: 특정한, 틀림없는
readership: 독자층
directly: 직접

중요 표현

1. We have over 25,000 readers both in print and online, which **will help expand your customer base**.
   → 저희는 인쇄판과 온라인 모두에서 25,000명 이상의 독자를 보유하고 있고, 이것은 귀하의 고객층을 확장하는데 도움이 될 것입니다.

   TEACHER'S NOTE

   ① 거래상대 역시 업체인 경우 이 거래를 통해 상대의 고객층이 확대될 것을 돕는다는 표현인데, 유용하게 쓸 수 있는 표현이다.

2. You may **go with** one full page print as well as 5″ x 3″ website ad at the rate of $575.
   → 귀하께서는 $575의 비용으로 5″ x 3″ 웹사이트 더불어 전면 페이지 광고를 선택하실 수 있습니다.

   TEACHER'S NOTE

   ① 보통 물건 따위를 선택할 때 choose나 select 와 더불어 'go with' 라는 표현도 유용하다.

3. For **the first time advertiser** like you, a **10% introductory discount** will apply.
   → 귀하와 같은 첫 광고주에 대해서는 10%의 첫 할인이 적용될 것입니다.

   TEACHER'S NOTE

   ① 처음으로 거래하는 사람의 경우에는 'the first time ~' 이라는 표현을 쓸 수 있다.
   ② 처음으로 거래하기 때문에 제공되는 혜택 앞에는 'introductory' 라는 표현을 역시 쓰는 것도 가능하다.

4. You will **benefit from** our extensive readership and awareness.
   → 귀하께서 저희의 광범위한 독자층과 인지도에 도움을 얻으실 것입니다.

   TEACHER'S NOTE

   ① ~으로 부터 도움을 얻는다고 할 때 쓸 수 있는 유용한 표현이다. 특히 업체의 장점 등을 부각하기 위해서 활용하면 도움이 된다.

실전문제 5

PART 2. Sending a Price Quotation / Letter

Directions: Write a price quotation of at least 100 words based on the following situation. Make sure to include all the information provided by the situation, and to create an appropriate subject, greeting, and closing. Remember to include additional detail based on the situation provided. You will have twelve (12) minutes to complete this part.

Suppose that Ms. Floro, an event organizer, needs tickets printed for a sporting event she is preparing now. Your company can print tickets for a variety of events like hers. There is a great collection of free template designs on your company's website. Tickets can be customized by choosing color, font, images and special logos. The price per item is listed below. Now write her a quotation.

Quantity	Price per item
100 – 1000	50 cents
1001 – 3000	48 cents
3,001 or more	46 cents

In your letter, you must:

- describe what your company does in more detail
- offer her many template designs for the ticket
- explain the price difference based on order quantity

Brain Storming – 생각 정리하기

☆★ 상황을 판단할 수 있는 부분을 적어 보세요.

1. _____
2. _____
3. _____
4. _____

★★ 세부내용을 파악해서 답변을 간단히 정리해 보세요.

1. _____
2. _____
3. _____
4. _____

Example

☆★ 상황을 판단할 수 있는 부분을 적어 보세요.

1. Your company can print tickets for a variety of events like hers.
2. There is a great collection of free template designs on your company's website.
3. Tickets can be customized by choosing color, font, images and special logos.

★★ 세부내용을 파악해서 답변을 간단히 정리해 보세요.

1. Power Tickets has enough experience printing tickets for a variety of events like yours. With Power Tickets, you will be certainly satisfied with our quality.
2. You do not have to worry about the ticket design because there are many free template designs.
3. Once you choose a design, you customize your ticket with your own color, font, and special logos.
4. At Power Tickets, the more you order, the lower prices are.

Your Answer

Example Answer

To: fmichell@ticketpik.com
Subject: Quotation for sporting event tickets

Dear Ms. Floro,

Thank you for your interest. TicketPik has sufficient experience printing tickets for a variety of events, including sporting events, festivals, concerts, and more. We can help you design and print the perfect ticket.

We provide a great collection of free template designs on our company's website. The only thing you have to do is select the best match for your event. You may customize the ticket yourself by modifying color, font, images, and special logos you want to insert. At TicketPik, you can order as few as 100 tickets or as many as you need. 50 cents per item will be charged for 100 to 1000 tickets. If you order 1001 to 3000 tickets, the cost will be 48 cents per item. For more than 3000 tickets, you can only pay 46 cents per item. The more you order, the lower the price.

Please make sure that you will place an order in time because it normally takes about two to three business days to process. If you have any inquiry, please feel free to call me at 255-4575. I hope to hear from you soon.

Best wishes,

Jennifer Ode

해석

수신: fmichell@ticketpik.com
제목: 스포츠 행사 티켓에 대한 견적

Floro씨께

귀하의 관심에 감사드립니다. TicketPik은 스포츠행사, 축제, 콘서트 등등의 다양한 행사에 대한 티켓을 인쇄한 충분한 경험을 가지고 있습니다. 저희는 귀하께서 완벽한 티켓을 디자인하고 인쇄하는 것을 도울 수 있습니다.

저희는 업체 웹사이트에 다양한 무료 템플릿 디자인을 제공합니다. 귀하께서 하여야 하는 것은 행사에 가장 잘 어울리는 것을 선택하는 것입니다. 귀하께서는 색깔, 글씨, 이미지, 그리고 귀하께서 넣기를 바라는 특별한 로고들을 수정함으로써 직접 티켓을 맞춤화 할 수 있습니다. TicketPik에서 귀하께서는 100장만큼이나 필요한 만큼 많이 주문하실 수 있습니다. 100장에서 1000장까지는 장당 50센트가 부과될 것입니다. 만약 1001장에서 3000장의 티켓을 주문하신다면 비용은 장당 48센트가 될 것입니다. 3000장을 넘는 티켓에 대해서는 장당 오직 46센트만 지불하시면 됩니다. 더 많이 주문할 수록 가격이 더 낮아집니다.

주문을 보통 처리하는데 영업일 기준 이틀에서 삼일 걸리기 때문에 귀하께서 때에 맞춰 주문하시는 것을 확실하게 하십시오. 어떠한 질문이라도 있으시다면 저에게 255-4575로 부담 없이 연락 주십시오. 귀하로부터 곧 소식 기다리겠습니다.

Jennifer Ode 올림

Vocabulary

sufficient: 충분한
a (great) collection ~ : 다양한 ~
modify: 수정하다, 변경하다
business day: 영업일
a variety of ~ : 다양한 ~
customize: 맞춤형으로 하다
make sure: 확실하게 하다
feel free (to V): 부담없이 ~하다

중요 표현

1. TicketPik has sufficient **experience printing tickets** for a variety of events, including sporting events, festivals, concerts, and more.
   → TicketPik은 스포츠행사, 축제, 콘서트 등등의 다양한 행사에 대한 티켓을 인쇄한 충분한 경험을 가지고 있습니다.

   TEACHER'S NOTE

   ① ~하는데 경험을 (가지다) 라고 할 때 쓸 수 있는 유용한 표현이다. experience 뒤에 바로 동명사를 붙여서 쓸 수 있다.

2. **The only thing you have to do is select** the best match for your event.
   → 귀하께서 하여야 하는 것은 행사에 가장 잘 어울리는 것을 선택하는 것입니다.

   TEACHER'S NOTE

   ① 고객에게 편리하게, 별로 해야 할 것들이 없다는 것을 강조할 때 쓸 수 있는 표현이다.

3. **The more you order, the lower the price.**
   → 더 많이 주문할 수록 가격이 더 낮아집니다.

   TEACHER'S NOTE

   ① '더 ~할수록 더 ~하다' 정도의 표현이 되는데 지금 문장처럼 주문을 많이 할 수록 할인율이 높아질 때 쓸 수 있는 표현이다.

4. **It** normally takes about two to three business days **to process**.
   → 주문 보통 처리하는데 영업일 기준 이틀에서 삼일 걸립니다.

   TEACHER'S NOTE

   ① 처리과정의 시간을 언급할 때 쓸 수 있는 유용한 표현이다. 가주어(it) + 진주어(to V) 구조로 쓰는 것이 많다.

PART 3. Replying to a Complaint / Inquiry

Part 3에서는 글쓴이가 회사나 서비스를 제공하는 업체에 소속된 상황에서 고객이 가진 불평/불만(complaint) 또는 문의에 대해서 정식으로 응대하는 글(편지)를 써야 한다. 역시 어떤 상황(situation)에서 고객이 불편함을 경험했는지를 파악하는 것이 가장 중요하고, 이어지는 세부정보를 글쓰기에 반드시 포함시키도록 노력해야 한다. 12분의 시간이 주어지고 100자 이상의 단어들로 구성된 작문이 요구된다.

 전략 (Strategy)

1 고객의 불편한 상황을 제대로 파악하고 글을 쓰는 것이 중요하다.

Directions: Write a formal letter of at least 100 words based on the following situation. Make sure to include all the information provided by the situation, and to create an appropriate subject, greeting, and closing. Remember to include additional detail based on the situation provided. You will have twelve (12) minutes to read the situation and to type the letter.

Suppose that you work at X Telecom, a telecommunications company, and you must respond to a complaint from a customer, Mrs. Johnson. She applied for an upgrade of her mobile Internet plan three weeks ago, but has not received any response on its approval yet. You checked her application files and found out that the upgrade has not been approved because she needs to update the information about her salary at an X Telecom office. However, she was not informed about this requirement. Write Mrs. Johnson a letter to explain the status of her application and the reason for the delay.

In your letter, you must:

- express your apologies to Mrs. Johnson
- explain the status of her application and offer her a solution
- give an estimate of time when she will be able to have her mobile Internet plan upgraded

1-1) 어떤 회사에 근무하고 있으며, 고객이 어떤 것을 신청/요청 했는지 파악해야 한다.

- **you work at X Telecom, a telecommunications company** (현 근무장소: 이동통신업체인 X Telecom에서 근무)
- **She (Mrs. Johnson) applied for an upgrade of her mobile Internet plan three weeks ago.** (일반상황: 3주 전에 휴대폰 인터넷상품을 업그레이드하는 신청을 했다)
- **found out that the upgrade has not been approved because she needs to update the information about her salary.** (문제상황: 급여에 대한 정보를 수정할 필요가 있기 때문에(수정하지 않아서) 업그레이드가 승인되지 않았다는 점을 알게 되었다)

※ 지침에서 파악해야 하는 것은 **1. 어떤 업체에서 근무 2. 일반상황 3. 문제상황** 등 **3가지를 분명하게 파악**이 되어야 하고, 그리고 나서 고객불만에 사과편지를 적성해야 한다.

1-2) 구체적인 세부 내용 (3가지)을 파악하고 대강의 브레인스토밍(brain-storming)을 하고 작문을 시작하는 것이 좋다. Part 3도 역시 12분 정도로 브레인스토밍 할 시간을 더 확보할 수 있으므로 약 2분 (최대 3분)정도는 머리속으로 틀을 구성하는 것이 매우 중요하다.

- **express your apologies** (세부내용1: 평소에 사과하는 표현을 숙지하고 있다가 불편함에 대한 정중한 사과를 도입부에 적도록 한다.)

   1. 기본적인 사과: I(We) would like to apologize for (이유), I(We) are sincerely sorry about (이유) 등
   2. 문제공유에 대한 감사: I(We) appreciate your informing us of the problem with ~

- **explain the status of her application and offer her a solution** (세부내용2: 어떤 문제가 있었고, 왜 발생했는 지에 대한 언급과 해결책 제시)

   1. 문제발생과 문제에 대한 이유: We have not responded to your request (요청에 대한 응대 못함)
   You missed a requirement to complete the upgrade (요구사항을 누락함)
   2. 해결책: I advise that you visit the nearest X Telecom branch to have the required information updated. (지점으로 가서 정보를 업데이트하라는 조언)

- **give an estimate of time to have her mobile Internet plan upgraded** (세부내용3: 인터넷상품을 업그레이드 하는 예상 시간 제시)

1. **가능한 빠르게 처리:** It will be processed fast although it normally takes about five business days.
2. **구체적인 기간:** You can expect your mobile Internet plan to be upgraded within one or two days.

2 제목, 도입부, 내용부분, 마무리를 미리 계획해 본다.

2-1) 제목을 5~6개 단어들을 이용하여 간단하지만 분명한 메시지를 전달할 수 있도록 한다.

2-2) 도입부는 2~3개 문장, 내용부분은 3~4개 문장, 마무리는 2~3개 문장 정도로 구성하는 것이 적절하다. (최소 100단어 이상)

2-2) 고객의 불만사항에게 공식적으로 대응하는 편지를 쓰는 것이므로 사과나 오해해소 등의 표현을 잘 숙지하였다가 적재적소에 활용하도록 한다.

- We apologize for any inconvenience this may have caused you.
  이것이 유발한 어떠한 불편함에 대해서라도 사과 드립니다.
- I am sorry that you have been inconvenienced.
  불편함을 겪으신 것에 대해 사과 드립니다.

※ Part 3는 기본적으로 불만사항에 대한 응대이므로 '사과'와 관련된 표현, 예를 들어 'apologize, sorry' 뿐 만 아니라 'sincerely, truly, deeply' 등의 표현을 넣어서 더욱 다양하게 표현할 수 있도록 한다.

EXAMPLE WRITING

To: Mrs. Johnson
From: Wayne Streep, Customer Representative for X Telecom

제목

Subject: Internet Plan Upgrade

Dear Mrs. Johnson,

도입부

On behalf of X Telecom, I would like to apologize for the lapse in our services. We haven't responded to your request for an upgrade of your mobile Internet plan from 8 GB to 32 GB of data per month. When I checked our system, I discovered that you're missing a requirement to complete the upgrade. For your application to be approved, our system needs to have updated information regarding your salary.

내용부분

We apologize if you were not properly informed of this requirement. To solve this issue, I suggest that you go to the nearest X Telecom office and have your salary information updated. Once you have accomplished this, the process will be fast-tracked to make up for the delay. Instead of waiting five business days, you can expect your mobile Internet plan to be upgraded within just one to two days.

마무리

Please let me know if this response has addressed your concern. Thank you for your kind understanding.

Sincerely,
Wayne Streep

제목

제목은 보통 5~6 단어들로 내용을 명확하게 보여줄 수 있는 표현을 쓰는 것이 적절하다. 본 예문에서는 문제가 발생한 부분을 그대로 제목으로 활용했다. 지금 수신인의 문제가 인터넷상품의 업그레이드에 있었기 때문에 'Internet Plan Upgrade'가 자연스럽다.

도입부

도입부에서는 고객이 겪고 있는 불편함에 대한 일반적인 사과를 하는 것이 적절하다. 어떤 문제가 있는지를 정확하게 다시 언급해 주고, 그 문제가 발생한 원인에 대한 언급을 하는 것까지 도입부에서 다룰 수 있다. 때에 따라서는 문제의 발생 원인을 내용부분에서 언급하는 것도 괜찮다.

1. 정중한 사과 전달
2. 문제인식과 문제에 대한 원인 전달

내용부분

내용부분에서는 전체적으로 문제해결을 위한 행동제시를 하는 것이 자연스럽다. 물론 본 파트(Part 3)의 지침(direction)에서 언급한 내용들을 모두 다룰 수 있도록 노력하는 것도 가장 중요한 점이다. 본 예문에서는 문제의 해결책을 제안하고 있고 또 그 문제가 해결되는데 걸리는 시간까지 언급하면서 지침에서 언급한 미션을 다루고 있다.

1. 다시 한번 사과: 요구사항 공지가 되지 않았을 상황에 대한 사과
2. 문제해결: 가까운 X Telecom 지점 방문
3. 문제해결에 걸리는 시간: 보통 영업일 기준 5일, but 하루에서 이틀 사이에 해결

마무리

마무리에서 상황에 따라서는 앞서 언급한 문제해결에 걸리는 시간을 언급해주는 것도 나쁘지 않다. 하지만 마무리부에서는 다시 한번 사과를 하면서 이야기를 마무리하는 것이 적절하며, 이해(인내심)에 대한 감사함을 전달하면 자연스럽다.

1. 문제해결이 도움이 되었는지에 대한 확인 요청
2. 이해(understanding)에 대한 감사

> **해석**

수신: Mrs. Johnson
발신: Wayne Streep, X Telecom 고객 담당자
제목: 인터넷 상품 업그레이드

Johnson 씨께,

X Telecom을 대신하여, 저는 저희 서비스에 있었던 실수에 대해 사과 드리고 싶습니다. 저희는 귀하의 휴대폰 인터넷 상품을 8 GB에서 32 GB로의 업그레이드에 대한 귀하의 요청에 응답하지 못했습니다. 제가 시스템을 체크해 봤을 때, 귀하께서 업그레이드를 완료하는 데 요구사항을 놓치신 것으로 보입니다. 신청서가 승인되기 위해서, 귀하께서는 급여에 대한 정보를 바꾸셔야 했습니다.

귀하께서 이 요구사항에 대해 적절하게 공지 받지 못하셨다면 저희가 사과 드립니다. 이 문제를 해결하기 위해 저는 귀하께서 가장 가까운 X Telecom 지점을 가시고, 급여정보를 업데이트하시길 제안 드립니다. 일단 이것을 완료하시고 나면 지연을 보완하기 위해서 과정이 빠르게 진행될 것입니다. 영업일 기준 5일을 기다리는 것을 대신에 휴대폰 인터넷 상품이 딱 하루에서 이틀 사이에 업그레이드되는 것을 기대할 수 있을 것입니다.

이 답변이 귀하의 우려를 다루었는지 저에게 알려주십시오. 너그러운 이해에 대해 감사드립니다.

Wayne Streep 올림

 **실전문제 1**

PART 3. Replying to a Complaint / Inquriy

Directions: Write a formal letter of at least 100 words based on the following situation. Make sure to include all the information provided by the situation, and to create an appropriate subject, greeting, and closing. Remember to include additional detail based on the situation provided. You will have twelve (12) minutes to read the situation and to type the letter.

Suppose that you are a sales director of Black Campbell Ltd., and you are replying to a complaint from a customer, Ms. Brandon. She ordered window frames two weeks ago, but they have not yet arrived. The shipment of an order normally takes approximately five to six business days. You found out that a third party's mandatory testing for the frames is delayed due to a lack of inspectors. Write Ms. Brandon a letter to explain the status of her order and why it is delayed.

In your letter, you must:

- extend your sincere apologies to Ms. Brandon
- tell her the current status of her order and estimated arrival time
- offer her compensation as a token of apology

Brain Storming – 생각 정리하기

☆★ 상황을 판단할 수 있는 부분을 적어 보세요.

1. _____
2. _____
3. _____
4. _____

★★ 세부내용을 파악해서 답변을 간단히 정리해 보세요.

1. _____
2. _____
3. _____
4. _____

✏ Example

☆★ 상황을 판단할 수 있는 부분을 적어 보세요.

1. You are a sales director of Black Campbell Ltd.
2. Ms. Brandon ordered window frames two weeks ago, but they have not yet arrived.
3. You found out that a third party's mandatory testing for the frames is delayed due to a lack of inspectors.

★★ 세부내용을 파악해서 답변을 간단히 정리해 보세요.

1. I am writing to extend our apologies for the unexpected delay of the order delivery.
2. As a requirement, window frames must undergo a third party's mandatory inspection.
3. Due to a lack of inspectors, the testing process is taking much longer than it normally does.
4. I would like to offer you a 20% discount on your order.

Your Answer

 **Example Answer**

> To: brobin@xmail.com
> Subject: Delay in your recent order

Dear Ms. Brandon,

I am writing to extend our apologies for the unexpected delay of the order delivery. You placed an order of window frames two weeks ago, but you have yet to receive them. It has taken much longer than the normal delivery time of five to six business days.

Window frames must undergo a third party's mandatory inspection according to city regulation. After checking your order status closely, I found out that the testing process has been delayed due to a lack of inspectors. I understand you must need them for refurbishment work on schedule. The order is expected to arrive by the end of this week.

I am deeply sorry about the inconvenience this may have caused you. Therefore, I would like to offer you a 20% discount on your order. Since you have already paid in full, I am pleased to refund the amount immediately. Thank you for your business.

Best wishes,

Joe Firth
Black Campbell Ltd.

> 해석

수신: brobin@xmail.com
제목: 귀하의 최근 주문에 대한 지연

Brandon 씨께

주문배송의 예상치 못한 지연에 대해 저희 사과를 전해 드리기 위해 편지 드립니다. 귀하께서는 2주 전에 창문 틀에 대한 주문을 하셨지만, 아직 그것을 받지 못하셨습니다. 영업일 기준 5~6일의 일반 배송시간보다 더 길어지고 있습니다.

창문 틀은 시규정에 따르면 제 3의 업체에 의한 의무적인 검사를 거쳐야 합니다. 귀하의 주문 상태를 면밀히 체크해 본 후에, 저는 검사과정이 검사자들의 부족으로 인해 지연되고 있음을 알게 되었습니다. 귀하께서 개조작업을 위해 일정대로 그것들이 필요하다는 사실을 잘 알고 있습니다. 그 주문은 이번 주말까지는 도착할 것으로 기대됩니다.

저는 이것으로 인한 불편함에 대해 진심으로 사과 드립니다. 그래서 저희는 귀하의 주문에 대해 20% 할인을 제공하기를 원합니다. 귀하께서는 이미 완납하셨기 때문에 저희는 즉각적으로 그 금액에 대해 기꺼이 환불해 드리겠습니다. 거래에 대해 감사합니다.

Joe Firth 올림
Black Campbell Ltd.

Vocabulary

extend: 연장하다, 전달하다
unexpected: 예기치 않은
undergo: 진행하다, 거치다
inspection: 검사
a lack of ~ : ~의 부족
deeply: 깊이, 매우
immediately: 즉각적으로, 즉시

apology: 사과, 미안함
window frame: 창틀
mandatory: 강제적인, 의무적인
according to~ : prep. ~에 따르면
refurbishment: 개조, (건물의) 리모델링
in full: 완전히, 100%

중요 표현

1. I am writing **to extend our apologies for** the unexpected delay of the order delivery.
→ 주문배송의 예상치 못한 지연에 대해 저희 사과를 전해 드리기 위해 편지 드립니다.

TEACHER'S NOTE

① 감사나 사과 등의 감정을 전달하고자 할 때 extend는 적절히 쓰일 수 있는 동사이다. 관용적으로 암기해 두어서 바로 활용할 수 있도록 하면 좋다.

2. You **have yet to receive** them.
→ 아직 그것을 받지 못하셨습니다.

TEACHER'S NOTE

① '아직 ~ 못했다'는 표현을 나타내는 방법은 여러가지가 있을 수 있지만, 그 중 하나인 'have yet to 동사'를 숙지하도록 하자.

3. I **found out that** the testing process has taken much longer due to a lack of inspectors.
→ 저는 검사과정이 검사자들의 부족으로 인해 지연되고 있음을 알게 되었습니다.

TEACHER'S NOTE

① 어떤 사실을 알게 되었다고 표현할 때 know 등의 직접적인 동사가 아니라 'find out'을 활용하는 것이 자연스럽다.

4. Since you have already paid in full, I **am pleased to refund** the amount immediately.
→ 귀하께서는 이미 완납하셨기 때문에 저희는 즉각적으로 그 금액에 대해 기꺼이 환불해 드리겠습니다.

TEACHER'S NOTE

① 기꺼이 ~해 주다 라는 표현을 할 때 쓸 수 있는 좋은 표현이다. pleased 대신 다른 감정표현들 (**ex**. excited, surprised 등)을 쓰면 '~해서 어떤 감정을 느끼다'는 뉘앙스를 줄 수 있다.

 실전문제 2

PART 3. Replying to a Complaint / Inquriy

Directions: Write a formal letter of at least 100 words based on the following situation. Make sure to include all the information provided by the situation, and to create an appropriate subject, greeting, and closing. Remember to include additional detail based on the situation provided. You will have twelve (12) minutes to read the situation and to type the letter.

Suppose that you are a staff member in charge of advertising at the Oakland Weekly. The latest issue ran an advertisement of Wilson Shoes, one of the loyal customers. Mr. Brooks, working as sales director of Wilson Shoes, contacted you to say that it misprinted the end date of its seasonal sales. The end date is September 15, instead of September 5. The magazine has been already published, and customers of Wilson Shoes are asking about the seasonal sales. You now write a letter to him to explain the mistake and correct the mistake in the next issue.

In your letter, you must:

- send him an apology about the error
- explain why this has happened and how it will be solved
- provide Wilson shoes with compensation as a token of apology

Brain Storming – 생각 정리하기

☆★ 상황을 판단할 수 있는 부분을 적어 보세요.

1. _____
2. _____
3. _____
4. _____

★★ 세부내용을 파악해서 답변을 간단히 정리해 보세요.

1. _____
2. _____
3. _____
4. _____

Example

☆★ 상황을 판단할 수 있는 부분을 적어 보세요.

1. You are a staff member in charge of advertising at the Oakland Weekly.
2. Mr. Brooks, working as sales director of Wilson Shoes, contacted you to say that it misprinted the end date of its seasonal sale.
3. The end date is September 15, instead of September 5.

★★ 세부내용을 파악해서 답변을 간단히 정리해 보세요.

1. I sincerely apologize for the mistake regarding the end date of your seasonal sale.
2. After checking this out, it seems that the advertising team has omitted one of the numbers.
3. We immediately corrected the number and will publish the right date in the next issue.
4. We will provide you with a complimentary advertisement for the next three months.

Your Answer

 **Example Answer**

To: bpeter@wilsonshoes.com
Subject: A misprint in your advertising

Dear. Mr. Brooks,

I have received your letter stating that there is a misprint in the advertisement. The end date of your autumn sale was published as September 5, instead of September 15. I sincerely apologize for the mistake occurring in our latest issue.

After checking this out thoroughly, it seems that the advertising team has omitted one of the numbers. Because this does not normally happen, the team is very disappointed and apologetic. Since you reported the problem, we have immediately corrected the number and published the magazine again. Moreover, we intend to run an advertisement for correction in the next issue.

As one of our loyal customers, we totally understand that you must have been unhappy with the error. To show our apologies, we will provide you with a complimentary advertisement for the next three months. I hope you are satisfied with our offer and keep doing business with us.

Best wishes,

Natalie Parker
Oakland Weekly

해석

수신: bpeter@wilsonshoes.com
제목: 귀하의 광고에 대한 오식

Brooks 씨께

저는 광고에서 오식이 있다고 말씀하시는 귀하의 편지를 받았습니다. 귀사의 가을 할인 마지막 날짜가 9월 15일이 아니라 9월 5일로 되어 있습니다. 저는 진심으로 최근 호에서 발생한 실수에 대해 사과드립니다.

철저하게 이 부분을 검토한 후에, 광고팀에서 그 숫자를 누락한 것으로 보입니다. 이것이 보통 발생하지 않기 때문에, 그 팀은 아주 낙담하고 죄송해하고 있습니다. 귀하께서 문제를 보고해 주신 이래로 저희는 즉각적으로 숫자를 수정했고, 잡지를 다시 출판했습니다. 뿐만 아니라 저희는 다음 호에서 교정을 위해 광고를 게재할 계획입니다.

오랜 고객들 중 한 분으로서 저희는 귀하께서 이 오류에 대해 불쾌해 하셨음을 완전히 이해하고 있습니다. 저희의 사과를 보여 드리기 위해 저희는 귀하께 다음 3달간 무료광고를 제공해 드릴 것입니다. 귀하께서 저희의 제안에 만족하셨으면 하고 계속 거래하시길 바랍니다.

Natalie Parker 올림
Oakland Weekly

Vocabulary

state: 진술하다, 언급하다
latest: 최신의
omit: 누락하다
intend: 작정하다, 의도하다
complimentary: 무료의

misprint: 오식(하다), 잘못된 인쇄(하다)
thoroughly: 철저하게, 완전히
correct: a. 올바른 v. 교정하다
totally: 완전히, 철저히

중요 표현

1. I have received **your letter stating that** there is a misprint in the advertisement.
→ 저는 광고에서 오식이 있다고 말씀하시는 귀하의 편지를 받았습니다.

TEACHER'S NOTE

① 어떤 내용을 언급한 편지를 받았다는 표현이다. 문제 등을 인식하고 있음을 보여주는 표현이므로 잘 알아 두도록 하자.

2. After checking this out thoroughly, **it seems that** the advertising team has omitted the number.
→ 철저하게 이 부분을 검토한 후에, 광고팀에서 그 숫자를 누락한 것으로 보입니다.

TEACHER'S NOTE

① 확신은 아니지만 정황상 그러하다고 언급할 때 쓸 수 있는 활용도가 높은 표현이다. '~하는 것처럼 보인다'는 의미에서 쓸 수 있다.

3. We **intend to run an advertisement** for correction in the next issue.
→ 저희는 다음 호에서 교정을 위해 광고를 게재할 계획입니다.

TEACHER'S NOTE

① 어떤 행동을 할 계획일 때 plan, be going to 등의 표현도 가능하지만 조금 더 격식 있는(formal) 느낌의 표현이다.

4. We totally understand that you **must have been unhappy with the error**.
→ 저희는 귀하께서 이 오류에 대해 불쾌해 하셨음을 완전히 이해하고 있습니다.

TEACHER'S NOTE

① 과거에 일어난 일에 대한 확신을 언급할 때 쓸 수 있는 표현이다. 고객들이 불편함을 겪었을 것이라고 확신하면 이런 표현을 쓸 수 있다.

실전문제 2

PART 3. Replying to a Complaint / Inquriy

Directions: Write a formal letter of at least 100 words based on the following situation. Make sure to include all the information provided by the situation, and to create an appropriate subject, greeting, and closing. Remember to include additional detail based on the situation provided. You will have twelve (12) minutes to read the situation and to type the letter.

Suppose that you are a service manager of National Art Gallery of Seoul. The gallery publicized a new exhibition titled *The Photography of Paul Ryu*. Members of the gallery receive two complimentary tickets to any exhibition. As a member of the gallery, Ms. Hudson recently ordered four tickets to the event and wanted to use two free tickets. However, four tickets were charged on her credit card. She wrote to you and would like to know how you intend to fix this error. You now reply to her request.

In your letter, you must:

- express your apology to her
- inform her how the problem has happened and will be solved
- give her a gift as an apology

Brain Storming – 생각 정리하기

☆★ 상황을 판단할 수 있는 부분을 적어 보세요.

1. _____
2. _____
3. _____
4. _____

★★ 세부내용을 파악해서 답변을 간단히 정리해 보세요.

1. _____
2. _____
3. _____
4. _____

Example

☆★ 상황을 판단할 수 있는 부분을 적어 보세요.

1. You are a service manager of National Art Gallery of Seoul.
2. Members of the gallery receive two complimentary tickets to any exhibition.
3. As a member of the gallery, Ms. Hudson recently ordered four tickets to the event and wanted to use two free tickets. However, four tickets were charged on her credit card.

★★ 세부내용을 파악해서 답변을 간단히 정리해 보세요.

1. Thank you for being a member of the gallery, and we are sorry about the error.
2. Since the system temporarily malfunctioned, you were charged for all the tickets you ordered.
3. We corrected the problem, and your overcharged money will be refunded within two days.
4. We sincerely apologize once again, and offer another complimentary ticket to you.

Your Answer

 **Example Answer**

To: holivia@mbox.com
Subject: Overcharges on your ticket purchase

Dear Ms. Hudson,

Thank you for being a member of the gallery and for your interest in our new exhibition *The Photography of Paul Ryu*. We are very sorry about the negative experience you have had. We found that there was an error in the ticket purchase.

On the date you tried to purchase tickets, the computer server was unusually malfunctioning. As a result of that, you were charged on all the tickets you ordered. Our technical support team now has the system back on track, and your overcharged money will be refunded within the next two days.

Once again, we deeply apologize for the inconvenience you have experienced. You will be sent another complimentary ticket as a token of apology. We hope that you will enjoy the new exhibition. Thank you for your patronage.

Best regards,

Seong-ju Jung

> 해석

수신:	holivia@mbox.com
제목:	귀하의 티켓구매에 대한 과요금

Hudson 씨께

저희 갤러리 멤버가 되어 주셔서 그리고 새로운 전시 'Paul Ryu의 사진전'에 대한 관심을 가져 주셔서 감사합니다. 저희는 귀하께서 겪으신 부정적인 경험에 대해 매우 죄송합니다. 저희가 티켓구매에 있어서 일시적인 비용오류가 있었음을 확인하였습니다.

귀하께서 티켓을 구매하려고 하셨던 날짜에 기술지원팀에 따르면 컴퓨터서버에 평소와는 다른 오작동이 있었습니다. 그것의 결과로 귀하께서 귀하께서 주문하셨던 모든 티켓에 대해 요금이 부과되었습니다. 저희는 시스템이 다시 정상으로 돌아오도록 만들었고, 귀하의 과요금 된 금액에 대해서는 이틀 내에 환불될 것입니다.

다시 한번 저희가 진심으로 경험하신 불편함에 대해 사과 드립니다. 귀하께서는 사과의 표시로 한 장의 무료티켓을 받으실 것입니다. 애용해 주셔서 감사합니다.

정성주 올림

Vocabulary

exhibition: 전시
temporary: 일시적인, 잠정적인
malfunction: 오작동(하다)
overcharged: 과 부과된
patronage: 애용, 이용

negative: 부정적인
unusually: 일반적이지 않게
on track: (올바른) 궤도에, 바르게
token: 증표, 표시

중요 표현

1. We are very **sorry about the negative experience you have had**.
   → 저희는 귀하께서 겪으신 부정적인 경험에 대해 매우 죄송합니다.

   TEACHER'S NOTE

   ① 지금 표현은 불만에 대한 응대 시 무난하고 자연스럽게 사용할 수 있는 활용도가 높은 표현이므로 암기하는 것이 좋다.

2. We have **made the system back on track**.
   → 저희는 시스템이 다시 정상으로 돌아오도록 만들었습니다.

   TEACHER'S NOTE

   ① 오류가 있었던 어떤 것들 특히, 시스템이나 기계류 가 다시 정상으로 돌아오게 했다고 할 때 쓸 수 있는 관용적인 표현이다.

3. You **will be sent** another complimentary ticket **as a token of apology**.
   → 귀하께서는 사과의 표시로 한 장의 무료티켓을 받으실 것입니다.

   TEACHER'S NOTE

   ① 보통 받을 것이라고 할 때 'receive' 라는 동사도 무난하지만, 'be sent 나 be offered' 등의 수동태표현도 자연스럽다.
   ② 사과의 표시(증표)로 라는 뜻으로 쓸 수 있는 유용한 표현이다. 당연히 감사의 표현도 가능하다.

4. Thank you **for your patronage**.
   → 애용해 주셔서 감사합니다.

   TEACHER'S NOTE

   ① Thank you 표현은 상황에 맞게 많이 습득해 두는 것이 좋다. 고객에게 쓸 수 있는 유용한 표현이다.

실전문제 4

PART 3. Replying to a Complaint / Inquriy

Directions: Write a formal letter of at least 100 words based on the following situation. Make sure to include all the information provided by the situation, and to create an appropriate subject, greeting, and closing. Remember to include additional detail based on the situation provided. You will have twelve (12) minutes to read the situation and to type the letter.

Suppose that you are a store manager of Torres Apparel. The store sells a wide selection of women's clothes. One of the customers, Ms. Clare, left negative feedback about the sales clerks' courteousness and attentiveness. She mentioned that all sales clerks at the store looked too busy and no one cared about her. Although she was satisfied with the items, there should have been improvements to the quality of service. As a store manager, you write her a letter to extend an apology and suggest a way to improve her experience.

In your letter, you must:

- extend a sincere apology to the customer
- explain in detail how to enhance customer service
- offer her a gift as compensation

Brain Storming – 생각 정리하기

☆★ 상황을 판단할 수 있는 부분을 적어 보세요.

1. _____
2. _____
3. _____
4. _____

★★ 세부내용을 파악해서 답변을 간단히 정리해 보세요.

1. _____
2. _____
3. _____
4. _____

Example

☆★ 상황을 판단할 수 있는 부분을 적어 보세요.

1. You are a store manager of Torres Apparel.
2. One of the customers, Ms. Clare, left negative feedback about the sales clerks' courteousness and attentiveness.
3. All sales clerks at the store looked too busy and no one cared about her.

★★ 세부내용을 파악해서 답변을 간단히 정리해 보세요.

1. We are very sorry that you had a disappointing experience.
2. After thoroughly checking the situation at that time, there was a shortage of sales people due to sudden absences of several clerks.
3. We will hold employee trainings for customer service more often.
4. To show our apology, we will send you a 10% discount coupon on your next purchase.

Your Answer

 **Example Answer**

> To: cyvonne@torresapparel.com
> Subject: Response to your disappointing experience
>
> Dear Ms. Clare,
>
> We are very sorry that you have had a disappointing experience when visiting our store. Because we put top priority on customer service, we take this case very seriously. According to your feedback, you stated that the sales staff all seemed hectic and distracted.
>
> After checking the situation thoroughly at that time, I noticed that there had been an unexpected shortage of sales people due to sudden absences of several clerks. Despite that, we should have tried to keep everything under control. It is wrong that we did not serve our valued customers like you properly.
>
> To prevent this from happening again, we assure you that regular employee training for customer service will be held more often. Once again, we apologize for the unfavorable experience. As a token of our apologies, we will send you a 10% discount coupon on your next purchase. Thank you for your feedback.
>
> Best wishes,
>
> Zack Tristen
> Store Manager

> **해석**

수신:	cyvonne@torresapparels.com
제목:	귀하의 실망스러운 경험에 대한 답변

Clare 씨께

저희는 귀하께서 저희 가게를 방문하셨을 때 실망스러운 경험을 겪으신 데 대해 매우 죄송하게 생각합니다. 저희가 고객서비스를 최우선으로 여기기 때문에, 저희는 이 상황을 매우 심각하게 생각하고 있습니다. 귀하의 의견에 따르면, 판매직원들이 모두 정신이 없고 산만해 보인다고 말씀하셨습니다.

그 당시 상황을 철저하게 검토한 후에, 몇몇 직원들의 갑작스러운 결근으로 인해 판매직원들의 예기치 않은 부족이 있었던 것으로 파악됩니다. 그럼에도 불구하고, 저희는 모든 것들이 안정적일 수 있도록 노력했어야 했습니다. 저희가 귀하와 같은 소중한 고객분들을 제대로 대하지 못한 점은 잘못된 것입니다.

이것이 재발하는 것을 방지하기 위해, 저희는 고객서비스를 위한 정기적인 직원 훈련을 더 자주 실시할 것이라는 점을 말씀드립니다. 다시 한번 좋지 못한 경험에 대해 사과 드립니다. 사과의 표시로 저희가 귀하께 다음 구매에 10% 할인 쿠폰을 보내 드립니다. 의견 주셔서 감사합니다.

Zack Tristen 올림
상점 지배인

Vocabulary

disappointing: 실망스러운
seriously: 심각하게
seem: ~처럼 보인다
notice: n. 공지   v. 인지하다, 알아차리다
sudden: 갑작스러운
properly: 적절하게, 알맞게
prevent: 예방하다, 방지하다

(top) priority: (최) 우선과제
feedback: 의견, 피드백
hectic: 정신이 없는, 매우 바쁜
a shortage of ~: ~의 부족
clerk: 사무직원, 점원
valued: 소중한 (= valuable)
assure: 보장하다

중요 표현

1. Because we **put top priority on** customer service, we **take this case very seriously**.
   → 저희가 고객서비스를 최우선으로 여기기 때문에, 저희는 이 상황을 매우 심각하게 생각하고 있습니다.

   TEACHER'S NOTE
   ① 무엇인가를 '최우선'으로 생각하고 있다는 표현을 할 때 쓸 수 있다. 고객에게 회사를 설명할 때 쓰면 유용하다
   ② 역시 어떤 것을 중요하게 생각하고 있을 때 쓸 수 있는 유용한 표현이다.

2. We should have tried to **keep everything under control**.
   → 저희는 모든 것들이 안정적일 수 있도록 노력했어야 했습니다.

   TEACHER'S NOTE
   ① 통제, 안정적인 상태 라는 표현을 'under control'로 할 수 있는데 어떤 것을 안정적인 상태로 만든다는 의미가 된다.

3. It is wrong that we did not serve our **valued customers like you** properly.
   → 저희가 귀하와 같은 소중한 고객분들을 제대로 대하지 못한 점은 잘못된 것입니다.

   TEACHER'S NOTE
   ① 그냥 소중한 고객, 혹은 귀하 라는 표현보다는 위에 표현을 쓰면 더욱 자연스러운 느낌을 줄 수 있다.

4. **To prevent this from happening again**,
   → 이것이 재발하는 것을 방지하기 위해,

   TEACHER'S NOTE
   ① 무엇이 어떤 상황이 발생하는 것을 방지한다는 뜻으로 쓰일 수 있는 표현이다. 'prevent + 목적어 + from Ving ~' 로 활용도가 높다.

 실전문제 5

PART 3. Replying to a Complaint / Inquriy

Directions: Write a formal letter of at least 100 words based on the following situation. Make sure to include all the information provided by the situation, and to create an appropriate subject, greeting, and closing. Remember to include additional detail based on the situation provided. You will have twelve (12) minutes to read the situation and to type the letter.

> Suppose that you are a manager of Clear Printing. You recently printed a business card of Mr. Liu. The design and layout looked the same as the original sample, but his company name and phone number are hardly visible because they are in a smaller type size. He emailed you to point out that the letters are too small to recognize. You reply to him about the error on his business card.

In your letter, you must:

- show your apology to him about the problem
- make him understand the problem and solution to it
- offer him compensation as a token of apology

Brain Storming – 생각 정리하기

☆★ 상황을 판단할 수 있는 부분을 적어 보세요.

1. _____
2. _____
3. _____
4. _____

★★ 세부내용을 파악해서 답변을 간단히 정리해 보세요.

1. _____
2. _____
3. _____
4. _____

Example

☆★ 상황을 판단할 수 있는 부분을 적어 보세요.

1. You are a manager of Clear Printing.
2. The design and layout look the same as the original sample, but his company name and phone number are hardly distinct.
3. He emailed you to point out that the letters are too small to recognize.

★★ 세부내용을 파악해서 답변을 간단히 정리해 보세요.

1. I sincerely apologize for the mistake occurring on your recent order.
2. Before printing your business card, there must have been some change to the type size.
3. As a result, we are going to reprint your order and it will be delivered to you by tomorrow.
4. As a token of apology, we would like to print the business card on a special coated sheet which costs 10 cents per card at no charge.

Your Answer

 **Example Answer**

To: lqiang@clearprinting.com
Subject: Recent order of your business card

Dear Mr. Liu,

I received your email stating that some letters on your business card are too small, unlike the original sample. After careful review, I noticed that your order had not been printed as planned. I sincerely apologize for the mistake occurring to your order.

Before printing your business card, there must have been some unwanted change to the type size, particularly your company name and phone number. The design team also admitted that your business card seemed to be mistakenly modified. Considering this, we are going to reprint your order and it will be delivered to you by tomorrow.

I am very sorry about the inconvenience this might have caused. We would like to print the business card on a special coated sheet which costs 10 cents per card at no charge. I hope you will be satisfied with our gift. Thank you for your business.

Sincerely,

Martin Kang
Clear Printing

해석

수신: lquiang@clearprinting.com
제목: 귀하의 명함에 대한 최근 주문

Liu 씨께

저는 귀하의 명함에서 몇몇 글자가 원본 샘플과는 달리 너무 작다고 말씀주시는 이메일을 받았습니다. 세심한 검토 후에, 저는 귀하의 주문이 계획대로 인쇄되지 않았다는 점을 알게 되었습니다. 제가 귀하의 주문에서 발생한 실수에 대해 진심으로 사과 드립니다.

명함을 인쇄하기 전에 글자 크기 특히나 회사 이름과 전화번호에서 원치 않는 어떤 변경이 있었던 것 같습니다. 디자인 팀도 역시 귀하의 명함이 잘못 수정된 것처럼 보인다고 인정했습니다. 이것을 고려하여, 저희는 귀하의 주문을 재인쇄할 예정이고 그것을 내일까지 귀하께 배달해 드릴 것입니다.

저는 이것으로 인한 불편에 대해 대단히 죄송합니다. 저희는 장당 10센트의 비용에 이르는 특별 코팅 종이에 무료로 명함을 인쇄해 드리고자 합니다. 저희의 선물에 만족하시길 바랍니다. 거래해 주셔서 감사합니다.

Martin Kang 올림
Clear Printing

Vocabulary

original: 원래, 원본의, 독창적인
review: 검토, 검사
as planned: 계획대로
sincerely: 진심으로
unwanted: 원치 않는
particularly: 특히나
admit: 인정하다, 받아들이다
mistakenly: 잘못
considering: ~를 고려해 보면
coated: 코팅된

중요 표현

1. After careful review, I noticed that your order had not been printed **as planned**.
   → 세심한 검토 후에, 저는 귀하의 주문이 계획대로 인쇄되지 않았다는 점을 알게 되었습니다.

   TEACHER'S NOTE

   ① '~되었듯이(처럼)' 라는 표현을 많이 쓰게 되는데 특히 '계획대로, 계획되었듯이(처럼)'이라는 의미로 쓸 수 있는 유용한 표현이다.

2. There must have been some unwanted change to the type size, **particularly your company name and phone number**.
   → 글자 크기 특히나 회사 이름과 전화번호에서 원치 않는 어떤 변경이 있었던 것 같습니다.

   TEACHER'S NOTE

   ① 상세하게 언급하고 싶은 내용이 있을 때 위 문장처럼 'particularly'라는 부사를 쓰고 연결해서 쓰면 좋다.

3. **Considering this**, we are going to reprint your order and it will be delivered to you by tomorrow.
   → 이것을 고려하여, 저희는 귀하의 주문을 재인쇄할 예정이고 그것을 내일까지 귀하께 배달해 드릴 것입니다.

   TEACHER'S NOTE

   ① '~을 고려해서, 고려해 보면' 등의 의미로 'considering'과 'given'도 가능하다.

4. We would like to print the business card on a special coated sheet which costs 10 cents per card **at no charge**.
   → 저희는 장당 10센트의 비용에 이르는 특별 코팅종이에 무료로 명함을 인쇄해 드리고자 합니다.

   TEACHER'S NOTE

   ① 무료로 라는 의미로 'for free'보다는 'at no charge/cost' 가 더 알맞은 표현이다.

PART 4. Sending a Statement of Account

Part 4에서는 글쓴이가 상품/서비스 공급업자가 되어 고객(client)에게 글을 쓰는 파트이다. Part 제목에도 있듯이 단순한 내용이 아니라 제공된 명세서(표)를 보고 정보를 활용하여 편지 글을 써야 한다. 결국 제시된 표를 바탕으로 내용과 제공된 상품/서비스를 잘 이해해야 알맞고 자연스러운 편지 글을 쓸 수 있다. 그리고 개별적인 품목과 금액 뿐만 아니라 총 합계 등을 편지에 작성해야 하므로 이런 부분들과 관련된 표현을 잘 숙지하고 있도록 노력해야 한다.

 전략 (Strategy)

1 지시문의 핵심을 잘 파악하여 상황에 맞는 글을 써야 한다.

Directions: Imagine that you are the owner of a flower shop. You have recently decorated a venue for your client, Ms. Laura Wilson. You will now send her a letter to explain the billing statement for your services. Use the information below to create the statement. Make sure to include all the necessary information in the letter and to create an appropriate subject, greeting, and closing. Write an account statement of at least 120 words. You will have fourteen (14) minutes to complete this task.

Maylowers   BILLING STATEMENT

TO	Ms. Laura Wilson 721 Folsom Street, San Francisco, California, 94103

STATEMENT NUMBER   93255
STATEMENT DATE   03-Jun-19
ACCOUNT NUMBER   1301-537-229
AMOUNT DUE   **$920.73**
PAYMENT DUE DATE   02-Jul-19

DATE	DESCRIPTION	QUANTITY	UNIT PRICE	TOTAL PRICE
02-Jun-19	Stately lilies	1	$177.94	$177.94
	White daisies bouquet	9	$29.94	$269.46
	White cake decoration	1	$158.64	$158.64
	Garden dish	5	$52.94	$264.70
	Happy Anniversary balloon bouquet	1	$49.99	$49.99
			TOTAL DUE	$920.73

*Please pay total due in last column.

PAY THROUGH   **ADDRESS QUESTIONS TO**
Cash/ Credit Card   415-733-0000

THANK YOU FOR YOUR BUSINESS!

1-1) 일차적으로 2~3가지의 상황을 잘 파악하여 글쓴이가 어떤 글을 써야 할 지 이해해야 한다.

- **the owner of a flower shop** (글쓴이의 직업/업무 배경: 꽃집 주인)
- **recently decorated a venue for your client, Ms. Laura Wilson**. (상황 1: Ms. Laura Wilson을 위해 최근에 장소를 꾸며주었다.)
- **a letter to explain the billing statement** (상황2: 장소 꾸밈에 대한 명세서를 설명하기 위한 편지발송)

※ 지침에서 파악해야 하는 것은 **1. 본인의 직업/업무 2. 어떤 상품/서비스를 제공** 했는지 이 **2가지를 분명하게 파악**이 되어야 하고, 그리고 나서 고객에게 명세서에 대한 설명을 해야 한다.

1-2) 지시문(direction) 하단에 제시된 표를 통해 어떤 상품/서비스들이 얼마만큼(수량), 얼마(가격)에 제공이 되었는지를 파악한 다음 브레인스토밍(brain-storming)을 하고 작문을 시작하는 것이 좋다. Part 4는 14분의 시간이 주어지기 때문에, 브레인스토밍 할 시간을 충분히 확보할 수 있으므로 약 2분 (최대 3분)정도는 머리속으로 틀을 구성하는 것이 매우 중요하다.

- **stately lilies** (1 / 총 $177.94), **White daisies bouquet** (9 / 총 $269.46), **white cake decoration** (1 / 총 $158.64), **garden dish** (5 / 총 $264.70), **Happy Anniversary balloon bouquet** (1 / 총 $49.99)

총 다섯 개 품목에 대해 파악을 하고 개수와 금액 그리고 개별 품목별 총액을 빠르게 파악하도록 한다.

- **Total du**e: $920.73, **Due date**: 02 July 2019

총 다섯 개 품목에 대한 총 금액과 금액 납부 기한을 파악하여 작성을 어떻게 진행할 것인지에 대한 대강의 구상을 한다.

- **지불 수단**: cash / credit card, **문의 전화**: 415-733-0000

지불수단에 대한 옵션 전달 및 추가적인 정보(ex. 신용카드 결제 선 등록 유도 등)와 일반적인 질문할 수 있는 방법 및 연락처 전달을 한다.

2 제목, 도입부, 내용부분, 마무리를 미리 계획해 본다.

2-1) 제목을 5~6개 단어들을 이용하여 간단하지만 분명한 메시지를 전달할 수 있도록 한다.

2-2) 도입부는 2~3개 문장, 내용부분은 3~4개 문장, 마무리는 2~3개 문장 정도로 구성하는 것이 적절하다. (최소 120단어 이상)

2-3) 이미 고객이 상품을 구매했거나, 서비스를 이용한 후에 청구서를 보내는 상황이므로 그에 맞는 표현을 역시 공부하고 편지 초반에 활용하는 것은 좋다.

- I hope that you are satisfied with the service. (서비스에 만족 하셨기를 희망합니다.)
- Thank you for your patronage. (애용해 주셔서 감사합니다.)

EXAMPLE WRITING

To: wlaura@kmail.com

제목

Subject: Statement of the venue decoration service

Dear Ms. Wilson,

도입부

We hope that you enjoyed the decorations Mayflowers provided for your anniversary celebration last June 2. This letter is to explain the billing for the services we rendered for you.

내용부분

As you can see, the total amount due is $920.73. Here is a breakdown of the expenses:

One order of Stately Lilies costs $177.94. We also used nine white daisy bouquets for a total of $269.46. This amount reflects the price of each white daisy bouquet at $29.94.

There is also a charge of $158.64 for the white cake decoration. In addition, we served five garden dishes at $52.94 per plate, which has a total of $264.70. Lastly, you ordered a Happy Anniversary balloon bouquet which costs $49.99.

마무리

If you would like to make your payment by credit card, please register your credit card on the PayYou online payment system and pay via PayYou. If you have any questions or concerns, please feel free to call us at (415) 733-0000. Thank you and have a great day.

Regards,
Duane Sebastian

제목

Part 4는 명세서를 전달하는 것이 목적이기 때문에, 제목은 약 5~6 단어들로 'statement of ~' 식의 표현으로 나타내는 것이 적절하다. 본 예문에서는 모임장소에 대한 꾸밈(decoration) 서비스에 대한 명세서를 전달하려는 것이므로 'Statement of the venue decoration service' 정도로 표현할 수 있다.

도입부

도입부에서는 고객이 서비스에 대한 만족이 있었기를 바란다는 글로 시작을 하는 것이 좋다. 본 예문에서는 'We hope ~'으로 표현하고 있으며, 이런 내용을 전달하면서 제공된 상품/서비스에 대한 상기(remind)를 하는 것은 자연스럽다. 그리고 편지를 쓰는 목적을 구체적으로 드러내어 명세서에 대한 설명을 하고자 함을 밝힌다.

1. 서비스(상품)에 대한 만족을 바람
2. 글을 쓰는 목적

내용부분

내용부분에서는 '개별에서 전체금액'으로 가는 흐름이나 '전체금액에서 개별'을 설명하는 방식을 취할 수 있다. 본 예문에서는 전체금액을 먼저 밝히고 세부 품목이나 서비스를 설명하는 방식으로 글을 취하고 있다. 역시 세부 품목이나 서비스를 설명할 때 단락(paragraph)을 띄움으로써 내용의 명확성을 높일 수 있다. 뿐만 아니라 등의 부사(moreover, in addition, furthermore, besides 등)를 활용하면 자연스럽게 설명을 이어갈 수 있다.

1. 상품/서비스의 총액 공지
2. 세부 품목이나 서비스의 수량 및 금액

마무리

마무리에서는 비용납부에 대한 선택(option)을 전달하는 것이 자연스럽고, 본 예문처럼 온라인 상으로 신용카드납부 방식을 미리 숙지하고 활용하면 더욱 자연스러운 느낌을 줄 수 있다. 다른 글들과 마찬가지로 마지막은 추가적인 질문이나 문제를 언급할 수 있는 연락처를 서술하는 것이 적절하다. 이어서 다시 한번 거래에 대한 감사인사를 전달하는 마무리를 할 수 있다.

1. 납부방식에 대한 설명 (온라인)
2. 질문이나 우려상황에 대한 연락처
3. 감사인사

해석

수신: wlaura@kmail.com

제목: 장소장식서비스에 대한 명세서

Wilson 씨께,

저희는 귀하께서 지난 6월 2일 기념식을 위해 Mayflowers가 제공해 드렸던 데커레이션(장식)에 만족하셨기를 희망합니다.

귀하께서 보시다시피 총 납부액은 $920.73입니다. 비용에 대한 명세는 다음과 같습니다.

Stately Lilies 하나에 대한 주문이 $177.94입니다. 저희는 또한 $269.46 총액으로 아홉 개의 흰 데이지 부케를 사용하였습니다. 이 금액은 각각의 흰 데이지 부케 가격인 $29.94를 반영하고 있습니다.

하얀색 케이크 장식에 대한 $158.64의 금액도 또한 추가되어 있습니다. 게다가 저희는 다섯 개의 정원접시를 개당 $52.94로 제공해 드렸고, 총액은 $264.70입니다. 마지막으로 귀하께서는 $49.99 인 Happy Anniversary 풍선 부케를 주문하셨습니다.

귀하께서 신용카드로 납부하시길 원하신다면 PayYou 온라인 납부시스템에 신용카드를 등록해 주시고 PayYou를 통해 납부하시면 됩니다. 만약 어떤 질문이나 우려사항이 있으시다면 415-733-0000으로 부담없이 저희에게 연락 주십시오. 감사하고 좋은 하루 되십시오.

Duane Sebastian올림

실전문제 1

PART 4. Sending a Statement of Account

Directions: Imagine that you own a medical equipment company You have recently supplied medical equipment for your client, Dr. Chris Tilton. Because the shipment of the order has just arrived at the hospital, you would like him to pay the full amount. You will now write Dr. Tilton a letter to explain the statement. Make sure to include all the necessary information in the letter and create an appropriate subject, greeting, and closing.

Write a statement of account of at least 120 words. You will have fourteen (14) minutes to complete this part.

Jaycon Medi Service Inc.

Order Number	5K123J01
Arrival Date	11 March
Payment Due Date	11 April

Bill to:
Dr. Chris Tilton
Highland Hospital

Ship to:
Highland Hospital
150 Rockside Rd, Cleveland, 27508

Item Number	Description	Unit Price	Total Price
B12	6 Boxes Large Bandages	$2	$12
K32	2 Boxes Sterile Scissors	$10	$20
Z147	3 Boxes Medium Sterile Gloves	$3	$9
DB32	3 Large Arm Braces	$20	$60
	TOTAL		$101

Send payment to	Contact
Jaycon Medi Service	457-333-0507

Brain Storming – 생각 정리하기

☆★ 상황을 판단할 수 있는 부분을 적어 보세요.

1. _____
2. _____
3. _____
4. _____

★★ 세부내용을 파악해서 답변을 간단히 정리해 보세요.

1. _____
2. _____
3. _____
4. _____

🎤 Example

☆★ 상황을 판단할 수 있는 부분을 적어 보세요.

1. You have recently supplied medical equipment for your client, Dr. Chris Tilton.
2. You would like him to pay the full amount.
3. 6 Boxes Large Bandages / 2 Boxes Sterile Scissors / 3 Boxes Medium Sterile Gloves / 3 Large Arm Braces

★★ 세부내용을 파악해서 답변을 간단히 정리해 보세요.

1. Thank you for your business.
2. As you can see from the statement, the total amount of your order is $101.
3. You ordered 6 boxes of large bandages which cost $2 each.
4. If you want to make a payment by check, please mail it to the provided address.

Your Answer

 **Example Answer**

To:	tchris@highlandhospital.com
Subject:	Statement of the medical equipment

Dear Dr. Tilton,

Thank you so much for your business. As you are already aware, we always serve clients with the best medical equipment on the market. Since the shipment of supplies has arrived at the hospital, we would kindly ask you to make a payment in time. I am writing to explain the statement of each item you ordered.

First of all, you ordered six boxes of large bandages at $12 ($2 for one). Two boxes of sterile scissors were sent to you at $20. In addition, you were charged $9 for three boxes of medium sterile gloves at $3 each. We delivered to you three large arm braces that amount to $60. As a result, the total amount is $101, which is expected to be paid before April 11.

If you would like to send a check to us, please securely enclose it in the envelope. With any problem or question, direct it to me by calling 457-333-0507. I hope we continue to do business with you in the future.

Sincerely,

Zac Nielson
Jaycon Medi Service Inc.

> **해석**
>
> 수신: tchris@highlandhosipital.com
> 제목: 의료 용품의 명세서

Tilton 박사님께

귀하의 거래에 대단히 감사드립니다. 이미 알고 있으시겠지만 저희는 항상 고객들께 시장에서 최고의 의료용품을 공급하고 있습니다. 용품들의 배송이 병원에 도착했기 때문에, 저희가 귀하께서 대금을 시간 내에 납부해주시길 요청 드립니다. 저는 귀하께서 주문하셨던 각각의 물품에 대한 명세를 설명 드리기 위해 편지를 드립니다.

우선, 귀하께서는 개당 $2인 대형 붕대 여섯 박스를 $12에 주문하셨습니다. 위생가위 두 박스를 $20에 귀하께 보내 드렸습니다. 추가적으로 귀하께서는 개당 $3인 중간크기의 위생장갑 세 박스에 대해 $9가 부과되었습니다. 저희는 귀하께 $60의 합계에 이르는 세 개의 대형 팔보조기를 배송해 드렸습니다. 결과적으로 총 금액은 $101이고 4월 11일 이전에 납부될 것으로 기대됩니다.

만약 저희에게 수표를 보내시길 원하신다면, 안전하게 봉투에 동봉해 주시기 바랍니다. 어떤 문제나 질문이 있으시다면, 457-333-0507로 전화 주셔서 저에게 바로 전달해 주십시오. 장래에 귀하와 거래를 지속하기를 희망합니다.

Lorenzo Zhang 올림

Vocabulary

aware: 인지하는, 알고 있는
kindly: 부디, 친절하게 (부탁할 때 쓰이는 표현)
statement: 명세서, 성명(발표)
bandage: 붕대
arm brace: 의료용 팔 보조기
envelope: (편지) 봉투

medical: 의학의, 의료의
in time: 제 때에, 제시간에
first of all: 우선, 먼저
sterile: 살균한, 소독한
securely: 안전하게
direct: 직접적인, 전달하다

중요 표현

1. **As you are already aware**, we always **serve clients with the best medical equipment** on the market.
   → 이미 알고 있으시겠지만 저희는 항상 고객들께 시장에서 최고의 의료용품을 공급하고 있습니다.

   TEACHER'S NOTE

   ① 말그대로 상대가 주지하고 있는 사실에 대해서 언급을 할 때 쓸 수 있는 유용한 표현이다
   ② serve, provide, supply 등은 뒤에 사람(목적어)를 쓰고 with 사물을 쓰면서 '제공하다'는 의미를 가진다.

2. You **ordered** six boxes of large bandages **at $12**.
   → 귀하께서는 개당 $2인 대형 붕대 여섯 박스를 $12에 주문하셨습니다.

   TEACHER'S NOTE

   ① 'order sth(사물) at 가격' 은 'sth을 가격으로 주문하다'는 의미가 된다.

3. You **were charged $9 for three boxes of medium sterile gloves** at $3 each.
   → 귀하께서는 개당 $3인 중간크기의 위생장갑 세 박스에 대해 $9가 부과되었습니다.

   TEACHER'S NOTE

   ① 'be charged 가격 for sth(상품)' 이라는 표현이 '~에 대해 가격이 부여되다'는 표현이다.

4. We delivered to you three large arm braces **that amount to $60**.
   → 저희는 귀하께 $60의 합계에 이르는 세 개의 대형 팔보조기를 배송해 드렸습니다.

   TEACHER'S NOTE

   ① 'amount(동사) to 가격' 은 총 금액을 나타낼 때 쓸 수 있는 유용한 표현이다.

실전문제 2

PART 4. Sending a Statement of Account

Directions: Imagine that you are the owner of a hand tool company. You have sent suppliers to a client, Ms. Jessie Wagner. She was supposed to pay by the due date, December 11. However, the payment date has already passed. You are now writing the letter to Ms. Wagner concerning the overdue payment. Use the information below to write the letter. Make sure to include all the necessary information in the letter and to create an appropriate subject, greeting, and closing.

Write an account statement of at least 120 words. You will have fourteen (14) minutes to complete this task.

Sunny Supply
21 Leslie Road
Austin, TX 61454
(411) 145-7854

To: Jessie Wagner
121 West Ave.
Austin, TX 65481

ACCOUNT NUMBER	B15478
STATEMENT DATE	November 27
PAYMENT DUE DATE	**December 11**

NUMBER	ITEM	UNIT	UNIT PRICE	TOTAL PRICE
#71015	Box of steel nails	3	$15.50	$46.50
#15245	Liner pen set	3	$6.50	$19.50
#71145	Claw hammer	2	$18.85	$37.70
#77895	Phillips-head screwdriver	1	$25.30	$25.30
	Subtotal			$129.00
	Tax (3 %)			$3.87
	Total			**$132.87**

WE ACCEPT ALL MAJOR CREDIT CARDS

Brain Storming – 생각 정리하기

☆★ 상황을 판단할 수 있는 부분을 적어 보세요.

1. _____
2. _____
3. _____
4. _____

★★ 세부내용을 파악해서 답변을 간단히 정리해 보세요.

1. _____
2. _____
3. _____
4. _____

Example

☆★ 상황을 판단할 수 있는 부분을 적어 보세요.

1. You have sent suppliers to a client, Ms. Jessie Wagner.
2. However, the payment date has already passed.
3. You are now writing the letter to Ms. Jessie Wagner concerning the overdue payment.

★★ 세부내용을 파악해서 답변을 간단히 정리해 보세요.

1. This is a polite reminder that your payment is overdue.
2. You were due to pay by December 11, but we have not received the payment.
3. As indicated in the attached statement, you owe us $132.87.
4. If you need any further help, please contact us at 411-145-7854.

Your Answer

 **Example Answer**

To: wjessie@smithbuilders.com
Subject: Overdue payment for your order

Dear Ms. Wagner,

This is a reminder that your account is overdue. The total amount is $132.87, which was due on December 11. Attached is a copy of the itemized statement with the amount due just in case you forgot to submit the payment.

As listed in the statement, you ordered four different items. Let me explain the breakdown of all expenses. Three boxes of steel nails cost $15.50 per box, amounting to $46.50. Plus, three liner pen sets were supplied at the total price of $19.50. You were also charged for two claw hammers at $37.70. A Philips-head screwdriver costs $25.30. In addition to these expenses, a tax of 3% is added to the subtotal. The total cost is $132.87. I am sorry to inform you that if the outstanding payment is not made within a week, a 10% penalty will be charged under the terms of the agreement.

I hope that you take prompt action on this matter. As you are probably aware, you may pay by accessing our website at www.sunnysupply.com/payment as we accept all major credit cards. If you have any further questions, please contact us at 411-145-7854. Thank you for your patronage.

Best regards,

Jun-hyuk Kim
Sunny Supply

> 해석

수신: wjessie@smithbuilders.com
제목: 귀하의 주문에 대한 미납입금

Wagner 씨께

이 편지는 귀하의 거래가 기한이 지났음을 알리는 것입니다. 총액은 $132.87 이고 12월 11일 납부가 되어야 했습니다. 혹시 귀하께서 금액을 납부하는 것을 잊었을 상황에 대비하여 납부 금액과 함께 개별 품목 명세서 사본을 첨부하였습니다.

명세서에 언급되었듯이, 귀하께서는 네 가지 다른 물품들을 주문했습니다. 모든 비용에 대한 명세를 설명해 드리겠습니다. 강철 못 세 박스는 한 박스당 $15.50이고, 총금액은 $46.50 입니다. 뿐만 아니라, 세 개의 라이너펜 세트는 $19.50의 총 금액으로 제공되었습니다. 또한, $ 37.70에 장도리 두 개 비용을 부담해야 합니다. 십자드라이버는 $25.30 입니다. 이 비용들에 추가적으로 3%의 세금이 소계에 추가됩니다. 총액은 $132.87입니다. 저는 귀하께 미결제된 금액이 일주일 내에 납부되지 않는다면 10%의 벌금이 계약 약관 상 부과될 것이라는 점을 알리게 되어 유감으로 생각합니다.

저는 귀하께서 이 문제에 대해 즉각적 조치를 취해주시길 희망합니다. 아마도 아시겠지만, 저희는 모든 주요 신용카드들을 허용하기 때문에 저희 웹사이트 www.sunnysupply.com/payment 에 접속하셔서 납부하실 수도 있습니다. 만약 추가적인 질문이 있으시다면, 411-145-7854로 저희에게 연락 주십시오. 애용해 주셔서 감사합니다.

김준혁 올림
Sunny Supply

Vocabulary

reminder: 알림장
due on 날짜: ~에 납부/반납되어야 하는
breakdown: 고장, 명세
claw hammer: 장도리
subtotal: 소계
terms: 약관, 용어

overdue: 지불기한이 넘은
itemized: 품목화 된
amount due: 지불해야 할 금액
Philips-head screwdriver: 십자드라이버
outstanding: 훌륭한, 미지불된
prompt: a.즉각적인, v.촉발하다

중요 표현

1. This is a reminder that **your account is overdue**.
   → 이 편지는 귀하의 거래가 기한이 지났음을 알리는 것입니다.

   TEACHER'S NOTE

   ① 고객이 지불금액의 납부기한을 넘긴 상황에서 쓸 수 있는 표현이다. 편지이므로 'reminder that ~'이라는 표현으로 쓰고 있다.

2. **Attached is** a copy of the itemized statement with the amount due **just in case you forgot to submit the payment**.
   → 혹시 귀하께서 금액을 납부하는 것을 잊었을 상황에 대비하여 납부 금액과 함께 개별 품목 명세서 사본을 첨부하였습니다.

   TEACHER'S NOTE

   ① 첨부된 파일(내용)에 대해서 강조를 하기 위해서 '도치'가 일어난 구조이다. 첨부내용을 언급할 때 쓸 수 있는 유용한 표현이다.
   ② 어떤 상황이 있을 까봐 대비하는 느낌으로 쓰는 접속사(in case)를 이용한 구문이다.

3. A tax of 3% **is added to the subtotal**.
   → 3%의 세금이 소계에 추가됩니다.

   TEACHER'S NOTE

   ① 세금이나 배송비 등이 물건/서비스 값을 더한 소계(subtotal)에 추가될 때 쓸 수 있는 표현이다.

4. I hope that **you take prompt action on this matter**.
   → 저는 귀하께서 이 문제에 대해 즉각적 조치를 취해주시길 희망합니다.

   TEACHER'S NOTE

   ① 이 편지에 대해서 즉각적인 행동을 취해달라는 정중한 부탁을 하고 있고, 이런 경우에 쓸 수 있는 표현이므로 암기해 두도록 한다.

실전문제 3

PART 4. Sending a Statement of Account

Directions: Imagine that you are the owner of an office furniture store. You have recently taken an order of office furniture by a client, Ms. So-hyun Choi. Because the full payment must be made in advance of the delivery, you will send her an email to explain the itemized statement. Use the information below to write the letter. Make sure to include all the necessary information in the letter and to create an appropriate subject, greeting, and closing.

Write an account statement of at least 120 words. You will have fourteen (14) minutes to complete this task.

Martin Office Furnishings
54 Hampton St.
San Diego, CA 45798
(458) 112-4060

Delivered to
So-hyun Choi
112 Central Rd.
San Diego, CA 45781

Account Number	54484-B45
Statement Date	March 22
Payment Due Date	April 4

Quantity	Product ID	Description	Price	Total
8	HB03113	Hillman Computer Desk	$150	$1,200
6	TAF1275	Hordi Adjustable Desk	$600	$3,600
3	BB2820	Top Readers Bookshelves	$123	$369
10	FD4218	ALBA File Cabinet	$221	$2,210
	Subtotal			$7379
	Shipping			**$35.45**
	Total			**$7,414.45**

Send all payment to:
Address shown above

Brain Storming – 생각 정리하기

☆★ 상황을 판단할 수 있는 부분을 적어 보세요.

1. _____
2. _____
3. _____
4. _____

★★ 세부내용을 파악해서 답변을 간단히 정리해 보세요.

1. _____
2. _____
3. _____
4. _____

Example

☆★ 상황을 판단할 수 있는 부분을 적어 보세요.

1. You are the owner of an office furniture store.
2. You have recently taken an order of office furniture by a client, Ms. So-hyun Choi.
3. Because the full payment must be made in advance of the delivery, you will send her an email to explain the itemized statement.

★★ 세부내용을 파악해서 답변을 간단히 정리해 보세요.

1. I have received you order of office furniture on March 15.
2. As you can view from the statement, the total amount is $7,414.45.
3. You ordered 6 Hordi adjustable desks at $600 each, totaling $3,600.
4. If you want to pay by check, please send it to the address of Martin Office Furnishings.

Your Answer

 **Example Answer**

> To: sohyun98@fineaccounting.com
> Subject: Statement of the office furniture order

Dear Ms. Choi,

Greetings from Martin Office Furnishings.

Thank you for selecting Martin Office Furnishings. We have provided the best quality office furniture for customers for over five decades. I am writing to explain the billing statement and notify you that the payment must be handled before the delivery of your order.

As you can see from the attached invoice, the total amount is $7,414.45, which is due on April 4. First, you are charged for eight Hillman computer desks at $150 each, totaling $1,200. Six Hordi adjustable desks cost $3,600. You would also like to purchase three Top Readers bookshelves at $369. Moreover, the total price of ten ALBA file cabinets is $2,210. Lastly, the shipping fee of $35.45 will be charged on your order.

Upon receipt of payment, we will deliver all purchased items to your address. If we do not receive your payment by the due date, please be advised that the order will be canceled. With any question, call us at 458-112-4060. Thank you.

Best wishes,

Gordon Martin
Martin Office Furnishings

> **해석**

> 수신: sohyun98@fineaccounting.com
> 제목: 사무가구주문에 대한 명세서

> Choi 씨께
>
> Martin Office Furnishings에서 인사 드립니다
>
> Martine Office Furnishings를 선택해 주셔서 감사합니다. 저희는 고객들께 50년 넘는 기간동안 최고의 품질을 제공해 왔습니다. 저는 귀하께 요금명세서에 대해 설명 드리고, 주문 발송 전에 납부가 처리되어야 한다는 점을 알려 드리기 위해 편지 드립니다.
>
> 첨부된 송장을 보시면 아시겠지만, 총액은 $7,414.45 이고, 4월 4일까지 납부가 되어야 합니다. 우선 귀하께서는 여덟 개의 Hillman 컴퓨터 책상들을 개당 $150로 비용이 청구되었고, 총액은 $1,200입니다. 여섯 개의 Hordi 조정가능한 책상들이 총 $3,600입니다. 귀하께서는 또한 세 개의 Top Readers 책장을 $369에 구매하시길 원하십니다. 게다가 열 개의 ALBA 파일캐비넷의 총액이 $2,210입니다. 마지막으로 $35.45의 배송비가 주문에 부과될 것입니다.
>
> 요금을 수납하자 마자 저희는 모든 구매된 물품들을 귀하의 주소로 배송할 것입니다. 만약 저희가 납입예정일까지 납부를 수령하지 못한다면, 주문이 모두 취소될 것이라는 점을 숙지하십시오. 어떤 질문이라도 458-112-4060으로 저희에게 전화 주십시오. 감사합니다.
>
> Gordon Martin 올림
> Martin Office Furnishings

Vocabulary

decade: 10년

notify (+ 사람 + that ~): ~에게 알리다

handle: 다루다

adjustable: 조정가능한

upon receipt: 수령하자 마자(하는 즉시)

be advised that ~ : ~에 대해 알려드립니다

중요 표현

1. **As you can see from the attached invoice**, the total amount is $7,414.45, which is due on April 4.
   → 첨부된 송장을 보시면 아시겠지만, 총액은 $7,414.45 이고, 4월 4일까지 납부가 되어야 합니다.

   TEACHER'S NOTE

   ① 송장/명세서에 있는 금액/품목 등을 설명할 때, 이미 상대가 송장이나 명세서를 볼 수 있는 상황에서 쓸 수 있는 유용한 표현이다.

2. You are charged for eight Hillman computer desks at $150 each, **totaling $1,200**.
   → 귀하께서는 여덟 개의 Hillman 컴퓨터 책상들을 개당 $150로 비용이 청구되었고, 총액은 $1,200입니다.

   TEACHER'S NOTE

   ① 앞서 개별 품목 등을 디테일 하게 설명하고, 전체적인 총액을 언급할 때 문장의 끝에서 '콤마 + totaling + 금액'을 쓰면 된다.

3. **The shipping fee** of $35.45 will be **charged on your order**.
   → $35.45의 배송비가 주문에 부과될 것입니다.

   TEACHER'S NOTE

   ① 배송비 따위의 추가적인 금액이 부과될 때, 'charged on the order' 쓸 수 있다.

4. **Upon receipt of payment**, we will deliver all purchased items to your address.
   → 요금을 수납하자 마자, 저희는 모든 구매된 물품들을 귀하의 주소로 배송할 것입니다.

   TEACHER'S NOTE

   ① 요금을 받자 마자, 배송 등을 한다고 할 때 쓸 수 있는 유용한 표현이고, upon과 on 모두 가능하며 뒤에 동명사(Ving)를 쓰는 것도 가능하다.

PART 5. Suggesting a Course of Action

Part 5에서는 글쓴이가 제공된 그래프나 표 등을 참고해서 보고서를 쓰는 파트이다. 물론 보고서도 편지의 양식을 취하고 있기 때문에 앞서 배운 편지글의 구조나 표현 등은 계속 활용이 될 수 있다. 그리고 단순히 그래프나 표를 분석하는 것뿐 아니라, 그런 분석을 토대로 제안을 하는 것이 이 파트의 목적이다. 우선 그래프나 표 등을 분석할 때 쓰는 표현들을 잘 숙지하고 논리적으로 어떤 제안을 하는 표현들까지도 활용할 수 있도록 해야 한다.

전략 (Strategy)

1 지시문의 핵심을 잘 파악하여 상황에 맞는 글을 써야 한다.

Directions: Study the graph below. You must create a report of at least 140 words based on the information provided by the graph. In your report, you must recommend a course of action to take, and you must support your recommendation with the appropriate pieces of information from the graph. You will have sixteen (16) minutes to complete this part.

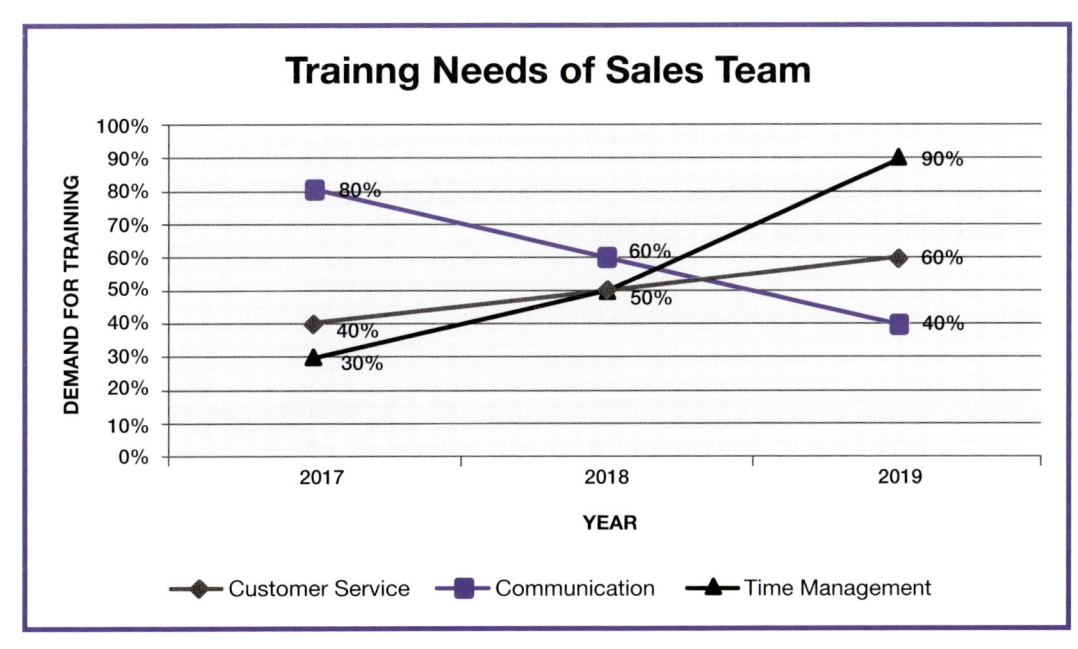

1-1) 지시사항은 동일하기 때문에 그래프를 보고 어떤 내용을 설명하는지 파악하도록 한다.

- **training needs of sales team** (영업팀의 훈련 필요사항(수요))
- **customer service / communication / time management** (고객서비스, 의사소통, 시간관리 3가지 영역의 변화 추이)
- **2017 / 2018 / 2019** (3개 년도에 해당하는 각 영역의 변화)

※ 표를 제대로 파악하지 못하면 글(내용부분)을 쓰기도 어려울 뿐 더러, **제대로 된 설명을 토대로 한 논리적인 제안(suggestion)도 작성하기 쉽지 않다**.

1-2) 위에 언급한 바와 같이 그래프를 통해 정확한 어떤 요소의 값/변화 등을 묘사하고 있는 지를 파악한 다음 브레인스토밍(brain-storming)을 하는데, 특히 어떤 제안을 할 것인지 미리 계획하는 것이 글의 짜임새를 위해 유리하다. Part 5는 140자를 쓰지만 가장 많은 16분이 할당되므로, 브레인스토밍을 약 3~4분정도 충분히 하고 틀을 구성하는 것이 매우 중요하다.

- **From 2017 to 2019, training needs for customer service has been gradually increasing.**
 (영역1: 고객서비스의 훈련 필요성이 꾸준히 증가하고 있음을 보여준다)

- **In regards to communication, the training has been declining.**
 (영역2: 의사소통에 대한 훈련은 감소하는 중이다)

- **Training needs for time management has been rising sharply by 60% from 2017 to 2019.**
 (영역3: 시간관리 훈련 필요성은 급격히 증가하고 있다)

※ 각 영역에 대한 대강의 흐름을 파악하여 틀을 만들도록 한다 (간단하게 증가/감소 등을 파악)

- **As a result, we need to offer the sales team more training for time management.**
 (제안: 시간 관리에 대한 더 많은 훈련을 제공할 필요가 있음 강조한다)

2 제목, 도입부, 내용부분, 마무리를 미리 계획해 본다.

2-1) 제목을 5~6개 단어들을 이용하여 간단하지만 분명한 메시지를 전달할 수 있도록 한다.

2-2) 도입부는 2~3개 문장, 내용부분은 6~8개 문장 (2단락으로 분리가능), 마무리는 2~3개 문장 정도로 구성하는 것이 적절하다. (최소 140단어 이상)

2-3) 결국 그래프의 분석을 통한 제안을 하는 것이 파트에서 중요한 부분이므로 제안을 할 때 필요한 표현 등을 숙지하도록 한다.

- According to analysis, we need to offer more training to our sales representatives.
  분석에 따르면, 우리는 영업직원들에게 더 많은 훈련을 제공할 필요가 있습니다.
- The graph shows/indicates that more money should be spend on marketing.
  그래프는 더 많은 자금이 마케팅에 쓰여야 한다는 점을 보여줍니다.

EXAMPLE WRITING

To: choisoojin@bitocosmetics.com

제목

Subject: Training Needs of the Sales Team

Dear CEO,

도입부

I am writing you this letter to address the training needs of our sales team. I recommend that our sales team be trained on their time management skills. I have arrived at this conclusion by analyzing the attached graph, which shows the team's specific needs.

내용부분

From 2017 to 2019, the need for our sales team to train in regards to communication has declined. It started at 80% in 2017 and has drastically decreased to 40% by 2019. With regards to customer service, the need for training has been steadily increasing, as seen in the graph. The need for training for this skill started at 40% in 2017 and has slowly increased to 60% in 2019. However, the area where the sales team has the most need for training is time management. The need for training on this skill has skyrocketed from 30% in 2017 to 90% in 2019.

마무리

The graph clearly shows that there is a need for time management training. I hope that you will support me in setting a training schedule for this urgent need. Thank you.

Yours truly,
Jamal Johnson

제목

Part 5에서 제목은 그래프를 표현하는 정도의 내용이면 적당하다. 위에 예시문제에서는 '영업팀의 훈련 필요성(수요)'에 대한 내용이 주된 것이므로 'Training Needs of the Sales Team' 정도의 5~6개 단어들로 표현하는 것이 자연스럽다.

도입부

도입부에서는 다른 글들과 마찬가지로 글을 쓰는 목적을 명확하게 밝히는 것이 가장 자연스럽다. 'I am writing to ~' 로 시작하는 것이 적당하다. 본 예시문제에서는 제안하는 내용을 먼저 언급하여 내용부분을 이끌어 가는 근거로 이용하였다. 실전 시험에서도 활용할 수 있는 방법이고, 또 마무리부에서 제안사항을 전달하는 것도 괜찮다.

1. 글을 쓰는 목적
2. 영업팀이 시간관리에 대한 훈련이 필요하다는 점을 제안

내용부분

내용부분에서는 3개의 영역(고객서비스/의사소통/시간관리)을 하나씩 수치를 가지고 설명한다. 증가(increase, rise, grow, escalate 등)와 감소(decrease, decline, fall, drop 등) 표현을 활용하여 변화를 설명하는 것이 좋다. 또한 내용부분에서는 부사(moreover, in addition, however, on the other hand 등)를 활용하면 더욱 자연스럽게 흐름을 이어갈 수 있다.

1. 의사소통에 대한 훈련 필요성의 변화추이
2. 고객서비스에 대한 훈련 필요성의 변화추이
3. 시간관리에 대한 훈련 필요성의 변화추이

마무리

마무리에서는 내용부분에서 언급했던 영역들의 통계를 바탕으로 요구되는 행동을 제안을 해야 한다. 본 예시문제에서는 도입부에서 제안을 이미 했기 때문에 다시 한번 언급하는 방식으로 요구되는 행동을 강조하고 있다. 그리고 이어서 구체적인 행동계획 – CEO에게 도움을 달라고 하는 – 도 제시하면 더욱 설득력을 가질 수 있다. 마지막으로는 협조(cooperation)나 고려(consideration) 등에 대해 감사하다는 언급을 하며 마무리하는 것이 좋다.

1. 시간관리 훈련에 대한 필요성
2. CEO에게 훈련일정을 잡는데 도움을 요청
3. 감사인사

해석

수신: choisoojin@bitocosmetics.com

제목: 영업팀의 훈련 필요성

CEO 께,

저는 귀하께 우리 영업팀의 훈련 필요성을 다루기 위해 이 편지를 드립니다. 저는 우리 영업팀이 시간관리 기술에 대해 훈련이 되어야 한다고 제안 드립니다. 저는 팀의 구체적인 필요성을 보여주는 첨부된 표를 분석하여 이 결론에 도달하게 되었습니다.

2017년부터 2019년까지 의사소통에 대한 영업팀의 훈련 필요성은 감소하고 있습니다. 2017년 80%에서 시작하였고, 2019년경에는 40%로 급격히 감소하였습니다. 고객서비스에 대해서는 그래프에서 보여지듯이 훈련 필요성이 꾸준히 증가했습니다. 이 기술에 대한 훈련 필요성은 2017년 40%에서 시작했고 2019년에는 60%까지 천천히 증가하였습니다. 하지만 영업팀이 훈련 해야 하는 가장 많은 필요가 있는 영역은 시간 관리입니다. 이 기술에 대한 훈련 필요성은 2017년 30%에서 2019년 90%까지 치솟았습니다.

그래프는 시간관리 훈련에 대한 필요성을 명확하게 보여줍니다. 저는 CEO께서 이 긴급한 필요성을 위해 훈련일정을 잡는데 저를 도와 주시 길 희망합니다. 감사합니다

Jamal Johnson 올림

실전문제 1

Directions: Study the graph below. You must create a report of at least 140 words based on the information provided by the graph. In your report, you must recommend a course of action to take, and you must support your recommendation with the appropriate pieces of information from the graph. You will have sixteen (16) minutes to complete this part.

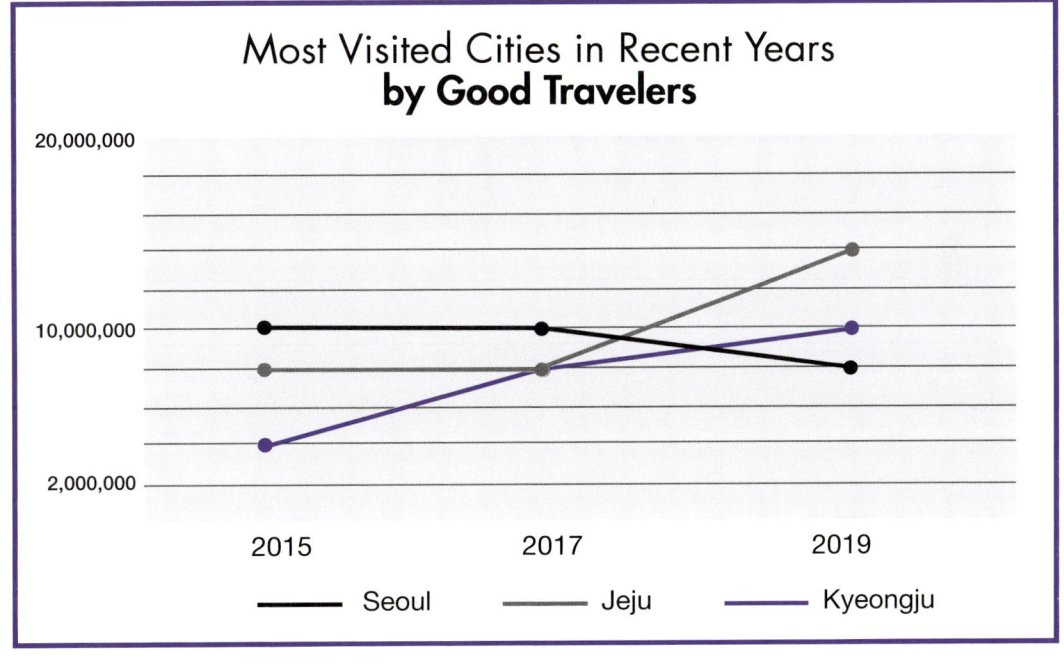

Brain Storming – 생각 정리하기

☆★ 상황을 판단할 수 있는 부분을 적어 보세요.

1. _____
2. _____
3. _____
4. _____

★★ 세부내용을 파악해서 답변을 간단히 정리해 보세요.

1. _____
2. _____
3. _____
4. _____

Example

☆★ 상황을 판단할 수 있는 부분을 적어 보세요.

1. Most visited cities in recent years. (by Good Travelers)
2. The number of travelers to Seoul, Jeju, and Kyungju
3. The number of travelers in 2015, 2017, and 2019

★★ 세부내용을 파악해서 답변을 간단히 정리해 보세요.

1. I am writing to you to describe the number of travelers to Korean cities in recent years and make a suggestion based on the information.
2. I recommend that we create and promote more travel packages to Jeju.
3. Ten million travelers visited Seoul in 2015, but the number has decreased by two million in 2019.
4. According to the result, we should invest more in making appealing packages to Jeju.

Your Answer

Example Answer

To: jmary@goodtravelers.com
Subject: Most visited cities in recent years

Dear CEO,

I am writing to you to report the number of travelers to popular cities in recent years and make a suggestion based on the information. It is recommended that we offer customers more packages to Jeju since the number of visitors to the city has increased significantly.

Ten million travelers visited Seoul in 2015, and the number remained the same in 2017. However, the number of visitors declined by two million in 2019. Kyungju has become a popular destination because more and more travelers have visited it over the last four years. The number was four million in 2015, and increased to ten million in 2019. While eight million came to Jeju in both 2015 and 2017, the city has been finally the most visited city with fourteen million travelers in 2019.

As you can see in the graph attached, there have been remarkable changes in the number of visitors, and we should create and promote appealing packages accordingly. In my opinion, more resources are needed to plan travel packages to Jeju. I hope to hear from you regarding this matter soon. Thank you.

Sincerely,

Mary Johansson

해석

수신: jmary@goodtravlers.com
제목: 최근 몇 년 간 가장 방문을 많이 한 도시

CEO 께

저는 귀하께 최근 몇 년 간 인기있는 도시들로의 방문객들의 수를 보고 드리고, 그 정보를 기반으로 제안을 하기 위해 편지 드립니다. Jeju로의 방문객들의 수가 상당히 증가했기 때문에 저희는 고객들에게 Jeju로의 더 많은 상품들을 제공해야 하는 것을 조언 드립니다.

2015년 1000만명의 여행객들이 Seoul을 방문하였고, 그 수는 2017년까지 동일하게 유지되었습니다. 하지만 방문객들의 숫자가 2019년 200만명이 줄어들었습니다. 점점 더 많은 여행객들이 지난 4년동안 Kyungju를 방문했기 때문에 그곳은 인기있는 관광지가 되었습니다. 2015년 수가 400만명이었는데 2019년에는 1,000만명으로 증가했습니다. 2015년과 2017년 모두 800만명이 Jeju에 왔습니다만, 그곳은 2019년 1,400만명의 여행자들로 인해 마침내 가장 방문을 많이 하는 도시가 되었습니다.

첨부된 그래프에서 보실 수 있듯이, 방문자들의 수에 주목할 만한 변화들이 있었고, 저희는 그에 맞게 매력적인 상품들을 만들고 홍보해야 합니다. 제 생각에 더 많은 자원들이 Jeju로의 여행상품들을 계획하는데 요구됩니다. 이 사안에 대해 사장님으로부터 곧 의견 듣기를 희망합니다. 감사합니다.

Mary Johansson 올림
마케팅 이사

Vocabulary

describe: 설명하다, 묘사하다

decline: 감소하다, 거절하다

remarkable: 두드러진, 괄목할 만한

appealing: 매력적인

accordingly: 그에 따라

resource: 자원, 재원

regarding: ~에 관해 (=about)

중요 표현

1. **It is recommended that** we offer customers more packages to Jeju since the number of visitors to the city has increased significantly.
   → Jeju로의 방문객들의 수가 상당히 증가했기 때문에 저희는 고객들에게 Jeju로의 더 많은 상품들을 제공해야 하는 것을 조언 드립니다.

   TEACHER'S NOTE

   ① 제안하고자 하는 내용을 표현할 때, 가주어(it), 진주어(that 주어 + 동사 ~)를 이용할 수 있는데, 위의 표현과 같이 'it is recommended that ~'으로 나타낼 수 있다.

2. The number of visitors declined **by two million** in 2019.
   → 방문객들의 숫자가 2019년 200만명이 줄어들었습니다.

   TEACHER'S NOTE

   ① 증가나 감소된 상황에서 그 차이(gap)을 나타낼 때 전치사 by를 이용할 수 있다.

3. The number was four million in 2015, and **increased to ten million in 2019**.
   → 2015년 수가 400만명이었는데 2019년에는 1,000만명으로 증가했습니다.

   TEACHER'S NOTE

   ① 증가나 감소하는 상황에서 '얼마로' 증가/감소했다 는 표현을 쓸 때, 전치사 to 뒤에 수량을 쓸 수 있다.

4. **In my opinion**, more resources are needed to plan travel packages to Jeju.
   → 제 생각에 더 많은 자원들이 Jeju로의 여행상품들을 계획하는데 요구됩니다.

   TEACHER'S NOTE

   ① Part 5에서는 글쓴이의 의견, 제안사항 등이 나타나야 하므로 주관적 판단을 보여주는 표현인 'in my opinion'은 아주 활용도가 높다.

실전문제 2

Directions: Study the graph below. You must create a report of at least 140 words based on the information provided by the graph. In your report, you must recommend a course of action to take, and you must support your recommendation with the appropriate pieces of information from the graph. You will have sixteen (16) minutes to complete this part.

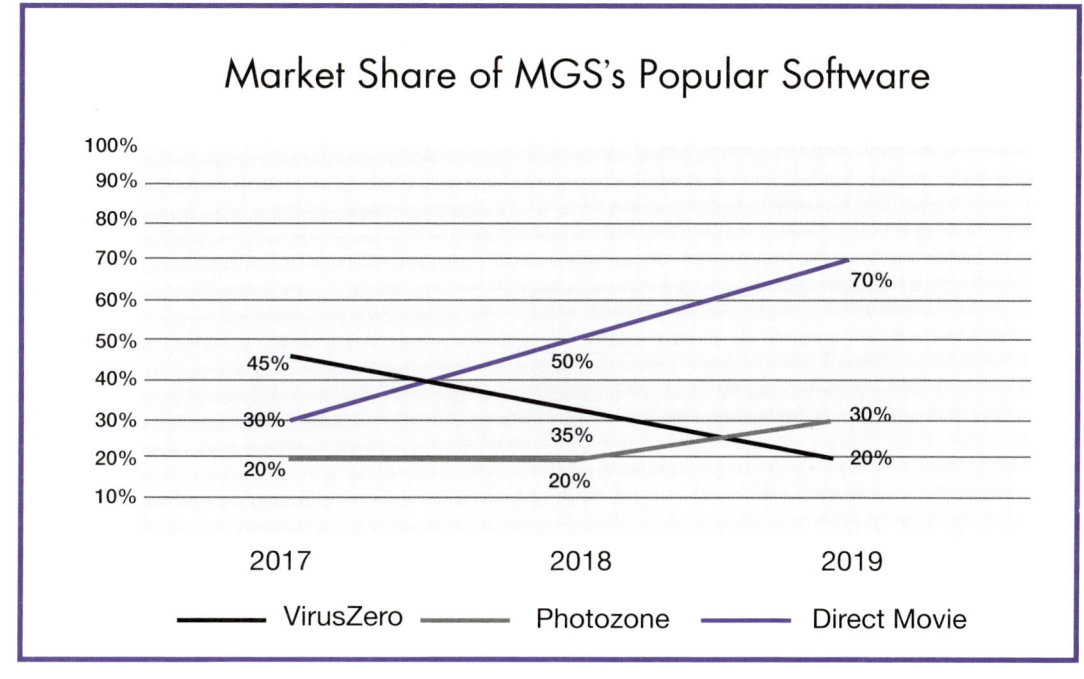

Brain Storming – 생각 정리하기

☆★ 상황을 판단할 수 있는 부분을 적어 보세요.

1. _____
2. _____
3. _____
4. _____

★★ 세부내용을 파악해서 답변을 간단히 정리해 보세요.

1. _____
2. _____
3. _____
4. _____

Example

☆★ 상황을 판단할 수 있는 부분을 적어 보세요.

1. Changes in market share of MGS's Popular Software.
2. Market share rates of VirusZero, Photozone, and Direct Movie.
3. Market share rates in 2017, 2018, and 2019.

★★ 세부내용을 파악해서 답변을 간단히 정리해 보세요.

1. I am writing to convey my opinion about the recent market share research on our company's popular software.
2. We strive to keep Direct Movie's popularity on the market.
3. VirusZero's market share started at 45% in 2017, and decreased to 20% in 2019.
4. As VirusZero has been on the wane, it is time to consider whether the company will discontinue it.

Your Answer

 **Example Answer**

To: bgilbert@msgsoft.com
Subject: Market share of MSG's popular software

Dear CEO,

I am writing to convey my opinion about the latest research on market share of our company's main software. Based on the attached graph, I suggest that we strive to keep Direct Movie's popularity on the market. However, we need to consider whether to discontinue VirusZero due to its low sales.

VirusZero's market share started at 45% in 2017, and decreased to 20% in 2019. Because of fierce competition in the market, the figures will continue to fall. Photozone had about 20% market share in 2017 and 2018, rose modestly by 10% in 2019. There has been remarkable growth of Direct Movie for the past 2 years. In 2017, market share of the software began at 30% only. However, the figures increased by 20% in 2018 and 2019, respectively.

The research reveals that we need to make a decision to discontinue VirusZero since sales have been on the wane. In addition, we should promote Direct Movie more aggressively to make it a clear market leader. Thank you.

Best wishes,

Maria Parrell
Strategy Manager

> **해석**

수신:	bgilbert@msgsoft.com
제목:	MSG의 인기있는 소프트웨어의 시장점유율

CEO 께

저는 저희 회사의 주요 소프트웨어의 시장점유율에 대한 최신 조사에 대한 저의 의견을 전달해 드리기 위해 편지를 드립니다. 첨부된 그래프를 기반으로 저는 저희가 Direct Movie의 인기가 시장에서 유지 되도록 힘써야 한다는 제안을 드립니다. 하지만 저희는 저조한 판매로 인해 VirusZero를 단종할 지에 대해 고민해야 할 필요가 있습니다.

VirusZero의 시장점유율은 2017년 45%에서 시작했고, 2019년에는 20%까지 떨어졌습니다. 시장에서의 치열한 경쟁으로 인해, 수치는 계속 떨어질 것입니다. Photozone은 2017, 2018년 약 20%의 시장점유율을 가지고 있었고 2019년에는 10%정도 약간 증가했습니다. 지난 2년간 Direct Movie의 주목할 만한 성장이 있었습니다. 2017년 이 소프트웨어의 시장점유율은 오직 30%에서 시작했습니다. 하지만 수치가 2018, 2019년 각각 20%씩 증가했습니다.

연구는 저희가 VirusZero의 판매가 하락 상황이었기 때문에 단종할 결정을 내릴 필요가 있다는 것을 보여줍니다. 추가적으로 저희는 Direct Movie를 좀 더 적극적으로 홍보해서 확실한 시장리더로 만들어야 합니다. 감사합니다.

Maria Parrell 올림
전략 매니저

Vocabulary

latest: 최신의
strive (+ to V): 고군분투하다
fierce: 사나운, 극렬한
modestly: 겸손하게, 약간
reveal: 보여주다
on the wane: 하락중인

market share: 시장점유
popularity: 인기
competition: 경쟁, 대회
respectively: 각각
discontinue: 중단하다, 단종 시키다
aggressively: 공격적으로, 적극적으로

중요 표현

1. **Based on the attached graph**, I **suggest that** we strive to keep Direct Movie's popularity on the market.
   → 첨부된 그래프를 기반으로 저는 저희가 Direct Movie의 인기가 시장에서 유지되도록 힘써야 한다는 제안을 드립니다.

   TEACHER'S NOTE
   ① 'based on ~' 표현은 주장에 대한 근거를 나타낼 때, 쓸 수 있다. Part 5 에서는 유용한 표현이다.
   ② 제안을 하는 부분에서 'suggest that ~'을 쓰면 좋은 표현이 될 수 있다.

2. We need to **consider whether to discontinue** VirusZero due to its low sales.
   → 하지만 저희는 저조한 판매로 인해 VirusZero를 단종할 지에 대해 고민해야 할 필요가 있습니다.

   TEACHER'S NOTE
   ① 아직 확정적이지 않은 내용(부분)에 대해서 고민한다는 표현을 쓸 때, consider(동사)와 whether(접속사)를 활용하면 좋다.

3. The figures increased by 20% in **2018 and 2019, respectively**.
   → 하지만 수치가 2018, 2019년 각각 20%씩 증가했습니다.

   TEACHER'S NOTE
   ① 두 개 이상의 내용을 각각 나열할 때, 보통 문장의 맨 마지막에 'respectively' 등을 쓰면 좋다.

4. The research reveals that we need to make a decision to discontinue VirusZero since **sales have been on the wane**.
   → 연구는 저희가 VirusZero의 판매가 하락 상황이었기 때문에 단종할 결정을 내릴 필요가 있다는 것을 보여줍니다.

   TEACHER'S NOTE
   ① 영업이나 판매 등이 감소추세에 있을 때 쓸 수 있는 관용표현이다.

실전문제 3

Directions: Study the graph below. You must create a report of at least 140 words based on the information provided by the graph. In your report, you must recommend a course of action to take, and you must support your recommendation with the appropriate pieces of information from the graph. You will have sixteen (16) minutes to complete this part.

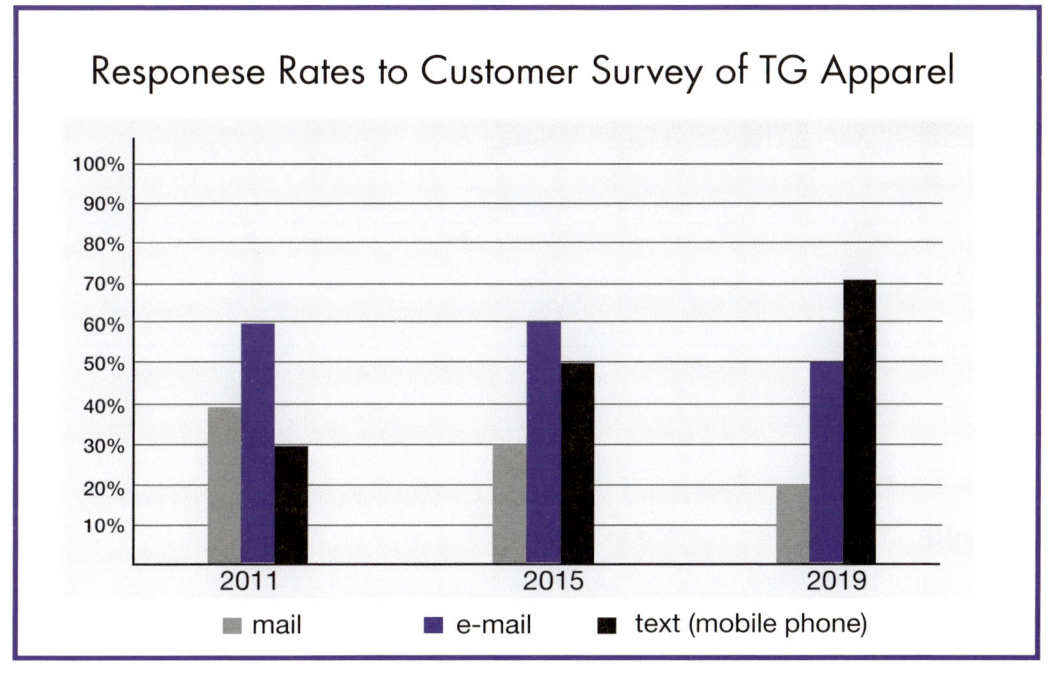

Brain Storming – 생각 정리하기

☆★ 상황을 판단할 수 있는 부분을 적어 보세요.

1. _____
2. _____
3. _____
4. _____

★★ 세부내용을 파악해서 답변을 간단히 정리해 보세요.

1. _____
2. _____
3. _____
4. _____

Example

☆★ 상황을 판단할 수 있는 부분을 적어 보세요.

1. TG Apparel's customer response rates to the survey.
2. Response rates to survey through mail, e-mail, and text.
3. Response rates in 2011, 2015, and 2019

★★ 세부내용을 파악해서 답변을 간단히 정리해 보세요.

1. I have recently studied response rates to our customer surveys through mail, e-mail, and text.
2. I suggest that we send customers text messages to obtain their feedback drawing on my analysis.
3. Response rates to surveys sent through e-mail were fairly high at 60% in both 2011 and 2015.
4. More customers seem to prefer surveys by text message as rates have soared to 70% for the last eight years.

Your Answer

 **Example Answer**

To: ujohn@tgapparel.com
Subject: Response rates of customer survey of TG Apparel

Dear CEO,

I have recently studied response rates to our customer surveys through mail, e-mail, and text message. I am writing to describe the study in detail and make a recommendation. I suggest that we send customers text messages to obtain their feedback drawing on my analysis.

As you can see from the graph, response rates to mail surveys have steadily declined from 2011 to 2019. While 40% of the customers responded to mail surveys in 2011, the response rates reached only half the number in 2019. Response rates to surveys sent through e-mail were fairly high at 60% in both 2011 and 2015. They did not show notable changes with a 10% decrease in 2019. 30% of the customers responded to surveys sent by text message in 2011. Meanwhile, more customers seem to prefer surveys by text message as rates have soared to 70% for the last eight years.

Based on these results, I recommend that we avoid sending surveys through mail due to poor response rates. However, we should design any survey well suited for a mobile phone. To do so, we need to hire more experts with relevant experience as soon as possible. Thank you.

Sincerely,

Christopher Jensen
PR Director

해석

수신: ujohn@tgapparel.com
제목: TG Apparel의 고개조사에 대한 응답률

CEO 께

저는 최근 우편, 이메일, 문자메세지를 통한 저희 고객조사들에 대한 응답률을 조사했습니다. 저는 자세히 그 연구에 대해 설명 드리고 제언을 드리기 위해 편지 드립니다. 저는 저의 분석에 의거하여 저희가 고객들에게 의견을 얻기 위해서는 문자메세지를 발송해야 한다고 제안 드립니다.

그래프에서 보실 수 있듯이, 우편조사에 대한 응답률은 2011년에서 2019년까지 꾸준히 감소하고 있습니다. 40%의 고객들이 2011년 우편조사에 응답하였었지만, 응답률은 2019년에는 오직 절반으로 떨어졌습니다. 이메일을 통해 전달된 조사에 대한 응답률은 2011년과 2015년 모두 꽤 높은 60%였습니다. 그것은 2019년 10%정도의 약간의 감소와 더불어 주목할 만한 변동은 보여주지 못했습니다. 2011년 30%의 고객들이 문자메세지로 보내진 조사에 응답했습니다. 한편 응답률이 지난 8년간 70%로 급상승했기 때문에 더 많은 고객들이 문자메세지에 의한 조사를 선호하는 것처럼 보입니다.

이러한 결과들에 근거하여 낮은 응답률 때문에 우편을 통한 조사를 보내는 것을 피해야 한다고 조언드립니다. 하지만 저희는 휴대폰에 잘 맞는 설문조사를 디자인해야 합니다. 그렇게 하기 위해서 저희는 가능한 빨리 관련 경험을 가지고 있는 더 많은 전문가들을 채용할 필요가 있습니다. 감사합니다.

Christopher Jensen 올림
PR 이사

Vocabulary

response rate: 응답율
obtain: 획득하다
steadily: 꾸준하게, 지속적으로
notable: 주목할 만한, 유명한
relevant: 관련 있는, 적절한

in detail: 자세히
drawing on ~: ~에 기초하여
fairly: 공평하게, 꽤
slight: 약간의, 다소간의

중요 표현

1. I **suggest that we (should 생략) send** customers text messages to obtain their feedback drawing on my analysis.
   → 저는 저의 분석에 의거하여 저희가 고객들에게 의견을 얻기 위해서는 문자 메세지를 발송해야 한다고 제안 드립니다.

   TEACHER'S NOTE

   ① 보통 제안하다(suggest) 동사 뒤에 'that + 주어 + 동사'를 쓸 때, that 안에 동사는 'should + 동사'에서 should 가 생략되고, 그래서 동사원형을 쓰는 것이 일반적이다.

2. Response rates to mail surveys have **steadily declined from 2011 to 2019**.
   → 우편조사에 대한 응답률은 2011년에서 2019년까지 꾸준히 감소하고 있습니다.

   TEACHER'S NOTE

   ① 특정시점부터 특정시점까지 언급할 때 'from 시점 to 시점' 이라는 표현을 쓸 수 있다.

3. They **did not show notable changes** with a 10% decrease in 2019.
   → 그것은 2019년 10%정도의 약간의 감소와 더불어 주목할 만한 변동은 보여주지 못했습니다.

   TEACHER'S NOTE

   ① 큰 변화가 없는 경우 'notable change'를 보여주지 못했다는 표현을 쓸 수 있다.

4. Meanwhile, more customers seem to prefer surveys by text message as rates have **soared to 70%** for the last eight years.
   → 한편 응답률이 지난 8년간 70%로 급상승했기 때문에 더 많은 고객들이 문자 메세지에 의한 조사를 선호하는 것처럼 보입니다.

   TEACHER'S NOTE

   ① 상승이 가파를 때 'soar'라는 동사를 이용하여 나타낼 수 있으며 여기서 '+ to 수치'를 뒤에 쓰면 '~까지 급상승하다'는 표현이 된다.

MEMO

글로벌 비즈니스 어학역량 평가 시험

G-TELP Business Writing Test
공식수험서

Chapter 5

구두법 (Punctuation)

General Tests of English Language Proficiency

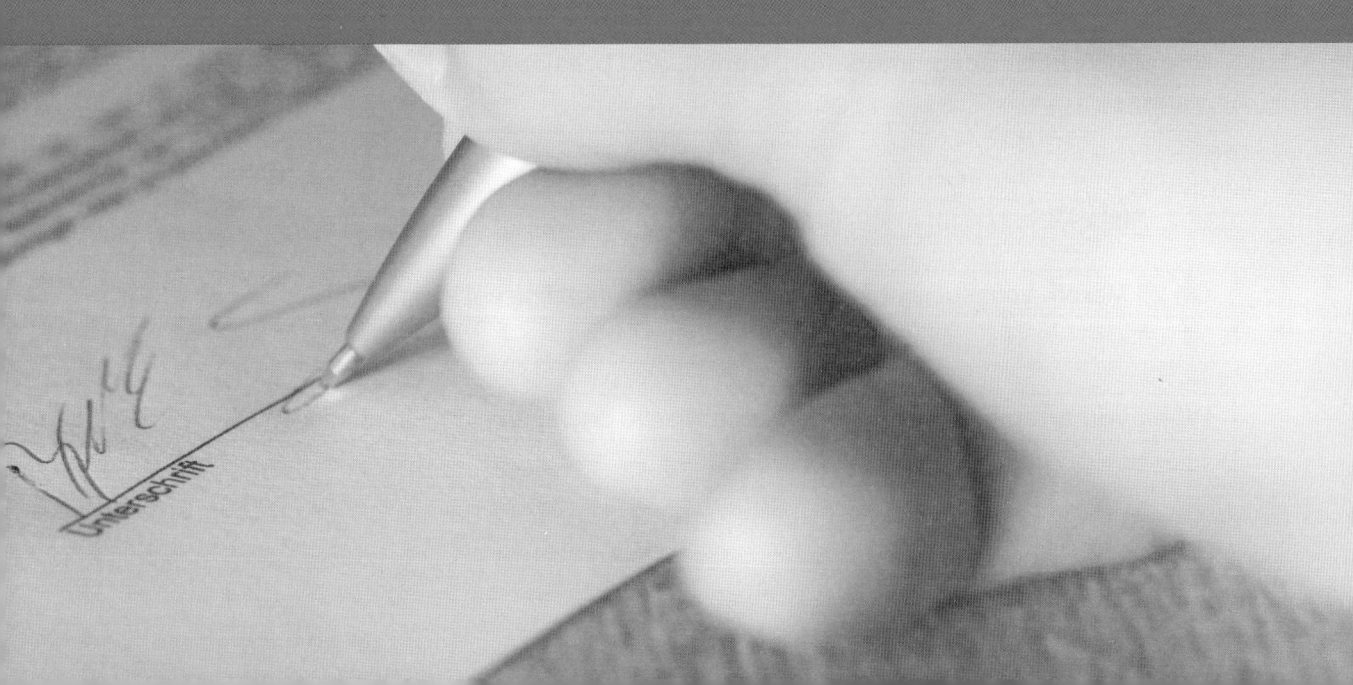

Chapter 5.

구두법
Punctuation

구두법(punctuation)은 영어 글쓰기에 있어 중요한 의미변화를 만들 수 있기 때문에 생각보다 신중히 또 보편적 법칙에 맞게 써야 한다. 앞선 단원들에서 전반적인 글쓰기 원칙들과 시험 파트별 예문들을 배워 보았는데 이번 단원에서는 구두법에 대해 학습을 통해 더욱더 정확한 라이팅을 준비하도록 한다.

General Tests of English Language Proficiency

5-1 쉼표 (Comma)

쉼표는 보통 영어 문장 안에서 나열된 단어들을 분리하거나 덩어리말(구나 절)을 구분하는데 활용된다. 구체적인 쉼표의 사용들은 아래에서 예문들을 통해 알아보도록 하자.

USE 1 세 개 이상의 단어나 덩어리말을 구분하기 위해 사용한다.

The cost includes **accommodation, transit, and breakfast**.
그 비용은 숙박, 교통, 그리고 아침식사를 포함합니다.

USE 2 전치사구나 부사절이 문장의 맨 앞에 올 때, 주절 앞에 사용한다.

On 25 March, your subscription to *World Movie Magazine* will expire.
3월 25일에, World Movie Magazine에 대한 귀하의 정기구독이 만료됩니다.

When you arrange a meeting, send agendas to each participant in advance.
미팅을 준비할 때, 미리 각각의 참여자에게 안건들을 보내세요.

USE 3 등위접속사 (and, but, or, so 등)를 쓸 때 독립적으로 문장과 문장을 끊어 주기 위해 사용한다.

There are a number of rooms suitable for your event, **but** meals will not be served.
귀하의 행사와 어울리는 많은 방들이 있습니다만, 식사가 제공되지는 않습니다.

USE 4 관계절에서 '계속적 용법'인 경우, 관계사 앞에 사용한다.

We decided to purchase XG-100, **which produces the best quality text and graphics**.
우리는 XG-100 모델을 구매하기로 결정했고, 그것은 최고 품질의 문자와 그래픽을 인쇄합니다.

USE 5 명사 뒤에서 동격으로 설명을 할 때, 동격 명사(명사구) 앞 뒤에 사용한다.

Oak Book Bank, **the oldest bookstore in town**, will be closed due to extensive renovation.
도시에서 가장 오래된 서점인 Oak Book Bank는 대규모 개조로 인해 문을 닫을 것입니다.

USE 6 순서에 상관없이 쓸 수 있는 형용사들이 나열되어 명사를 꾸미는 경우 형용사들 사이에 사용한다.

The hotel features **affordable, comfortable rooms**.
그 호텔은 저렴하고 편한 방을 특징으로 합니다.

※ 특정한 순서로 나열해야 하는 형용사의 경우에는 쉼표를 일반적으로 쓰지 않는다.

Three diligent young employees will represent the company at the trade fair.
세 명의 부지런하고 젊은 직원들이 무역박람회에서 회사를 대표할 것입니다.

5-2 세미콜론(Semicolon)

세미콜론은 의미적으로 관련 있거나 동등하게 강조되어야 할 절(문장)이나 구를 분리하는 부분에서 사용된다. 특별히 쓰지 않아도 상관은 없지만 세미콜론을 통해서 강조 등을 할 수 있다. 구체적인 세미콜론의 사용들은 아래에서 예문들을 통해 알아보도록 하자.

USE 1 두 개의 문장을 등위접속사 없이 연결하는 부분에서 사용한다.

> Ms. Hopkins was promoted to new manager; **she demonstrated excellent leadership**.
> Ms. Hopkins 는 새로운 매니저로 승진했습니다; (왜냐하면) 그녀는 훌륭한 리더십을 보여줬습니다.

USE 2 보통 접속부사로 문장과 문장을 연결하는 경우 의미상 밀접한 관계를 보여줄 때 사용한다.

> You have been accepted as an intern; **as a result**, we invite you to attend orientation.
> 귀하께서는 인턴으로 합격했습니다; 그러므로 저희는 귀하께서 오리엔테이션에 참석하시길 요청합니다.

USE 3 명사 등을 나열하는데 이미 쉼표가 있는 경우 구분을 명확하게 하기 위해 사용한다.

> The convention is intended for global experts from **Paris, France; Munich, Germany; and Seoul, Korea**.
> 회의는 프랑스의 파리, 독일의 뮌헨, 한국의 서울에서 온 국제적 전문가를 위해 개최됩니다.

5-3 콜론(Colon)

콜론은 문장 뒤에서 정보를 세부적으로 전달하기 위해 명사나 절(문장)이 나오기 전에 사용된다. 구체적인 세미콜론의 사용들은 아래에서 예문들을 통해 알아보도록 하자.

USE 1 완전한 문장이 오고나서 구체적인 정보를 다시 낱말 나열, 구, 절(문장)로 언급할 때 사용한다.

Three qualifications are necessary for the position: **university degree, work experience, and willingness**.
세 개의 자격이 그 직책에 필수적입니다: 대학학위, 근무경력, 의지 등

We had to focus on one goal only: **making the new project successful**.
우리는 한가지 목표에만 집중해야 했습니다: 새로운 프로젝트를 성공적으로 만들기

5-4 아포스트로피(Apostrophe)

아포스트로피는 소유격을 나타내거나 주어와 be동사나 조동사를 줄이는 부분에서 사용한다. 다만 공식적인 글에서는 줄임표현은 지양하는 것이 좋다. 구체적인 아포스트로피의 사용들은 아래에서 예문들을 통해 알아보도록 하자.

USE 1 단수명사의 뒤에 혹은 부정대명사(anyone, everyone 등)의 뒤에 아포스트로피와 's'를 붙이면 소유격을 보여줄 수 있다. 복수명사는 's'없이 그냥 아포스트로피만 붙여서 소유격을 보여준다.

The article covered the relocation of **their company's headquarters**.
그 기사는 그들의 회사의 본사의 이전을 다루었다.

We appreciate **many customers' interest** in our new fund-raising event.
저희는 저희 새로운 기금모금 행사에 대한 많은 고객들의 관심에 대해 감사드립니다.

USE 2 축약을 하여 두 개의 단어를 하나로 쓸 때 사용된다.

The team's already collected a lot of material about this topic. (has 축약)
팀은 이미 이 주제에 대한 많은 자료를 수집했습니다.

We'd like you to get back to us by Friday with your updated proposal. (would 축약)
저희는 귀하께서 향상된 제안서를 가지고 금요일까지 저희에게 연락주시길 희망합니다.

5-5 따옴표(Quotation Marks)

따옴표는 보통 인용된 말을 쓸 때 큰 따옴표(double quotation marks)를 쓰고, 그 안에서 다시 인용말이나 책, 기사, 문학 등의 제목을 쓸 때 작은 따옴표(single quotation marks)를 사용하게 된다. 흥미로운 사실은 미국식 영어(American English)에서는 큰 따옴표를 밖에, 작은 따옴표를 그 안에 사용하는 것이 일반적이지만 영국식 영어(British English)에서는 작은 따옴표를 밖에, 큰 따옴표를 그 안에 사용하는 특징이 있다. 구체적인 따옴표의 사용들은 아래에서 예문들을 통해 알아보도록 하자.

USE 1 미국식 영어에서는 누군가의 말을 인용할 때 큰 따옴표를 사용하고, 그 안에 인용되는 말이나 제목 등에 작은 따옴표를 사용한다. 영국식 영어에서는 그 반대이다.

• In American English

"The project 'Better Community' will improve the city and citizens alike significantly," said the mayor.
시장은 "프로젝트 'Better Community'는 시와 시민들 모두를 상당히 향상시킬 것이라고 말했습니다.

• In British English

'The project "Better Community" will improve the city and citizens alike significantly,' said the mayor.
시장은 "프로젝트 'Better Community'는 시와 시민들 모두를 상당히 향상시킬 것이라고 말했습니다.

USE 2 실제 의미와는 다르게 반어법으로 쓰이는 단어나 구문을 강조(주의 환기)하기 위해 사용된다.

• In American English

Mr. Woodward asked a **"very appropriate"** question during the presentation. (큰 따옴표 사용)
Mr. Woodward는 발표동안 아주 적절한 질문을 했습니다. (실제로는 적절하지 않았다는 것을 언급)

• In British English

Mr. Woodward asked a **'very appropriate'** question during the presentation. (작은 따옴표 사용)
Mr. Woodward는 발표동안 아주 적절한 질문을 했습니다. (실제로는 적절하지 않았다는 것을 언급)

USE 3 문장 안에서 개별적인 단어나 알파벳을 언급할 때 사용할 수 있다.

• In American English

Staff members were all confused about a word **"integrity"** in the contract. (큰 따옴표 사용)

직원들은 모두 계약서에 단어 "진실성"에 대해 혼란스러워 했습니다.

• In British English

Staff members were all confused about a word **'integrity'** in the contract. (작은 따옴표 사용)

직원들은 모두 계약서에 단어 "진실성"에 대해 혼란스러워 했습니다.

• In American English

Due to technical problems, all of the letters **"B"** have been mistakenly typed by **"V."**

(큰 따옴표 사용)

기술 문제로 인해 모든 알파벳 B가 V로 잘못 입력되었습니다.

• In British English

Due to technical problems, all of the letters **'B'** have been mistakenly typed by **'V.'**

(작은 따옴표 사용)

기술 문제로 인해 모든 알파벳 B가 V로 잘못 입력되었습니다.

5-6 괄호(Parentheses)

괄호는 문장안에서 내용과는 당연히 관련하지만 중대하지 않은 내용의 요소들(단어, 구절 등)을 분리하기 위해서 사용된다. 쉽게 말해 중요하지 않아서 쓰지 않아도 되지만 추가적인 정보를 줄 수 있는 내용들을 묶을 때 쓰는 기호이다. 구체적인 괄호의 사용들은 아래에서 예문들을 통해 알아보도록 하자.

USE 1 문장 안에서 중요, 필수적이지 않은 추가적인 내용을 묶을 때 사용된다.

> Vargas Graphic Design Conference has been annually held in international cities **(New York, London, Paris, Seoul)**.
> Vargas Graphic Design Conference는 매년 국제적인 도시 (뉴욕, 런던, 파리, 서울)에서 매년 열립니다.

USE 2 문장 안에서 추가적인 완전한 절(문장)을 삽입할 때 쓸 수 있다. 이 경우에 시제는 중요하지 않으며 물음표(질문)나 느낌표(느낌)를 써야 한다.

> The spring season **(how beautiful the weather is in the season!)** is just around the corner.
> 봄날이 (봄에 날씨가 얼마나 좋은 지!) 이제 거의 다 됐습니다.

USE 3 문장 안에서 추가적인 완전한 절(문장)을 삽입할 때 쓸 수 있다. 마침표를 찍어서 역시 완전한 마무리를 해야 한다.

> I asked Ms. Rower to arrange time and space for our next shareholders' meeting. (She did not even check my message.)
> 저는 Rower 씨에게 우리의 다음 주주회의를 위한 시간과 장소를 준비하도록 요청했습니다. (그녀는 심지어 저의 메세지를 확인도 하지 않았습니다.)

5-7 하이픈(Hyphen)

하이픈은 보통 단어들을 조합하여 복합적인 하나의 단어(덩어리)를 만들 때 사용된다. 사실 하이픈을 사용하지 않고도 관용적인 복합단어는 쓰기도 한다. 구체적인 하이픈의 사용들은 아래에서 예문들을 통해 알아보도록 하자.

USE 1 보통 숫자(21~99)를 명사를 수식하는 형용사로 쓸 때 하이픈을 쓸 수 있다.

> Alan International exports a wide variety of power tools to more than **twenty-eight countries**.
> Alan International 은 다양한 전동기기들을 28개국 이상으로 수출합니다.

USE 2 접두어 ex, all, pro, self 등을 붙일 때나 고유명사, 고유형용사 (Korean, American, European 등) 앞에 접두어를 추가할 때 쓸 수 있다.

> Mr. Cho, **ex-president** of Golden Investors, will deliver the keynote address at tomorrow's meeting.
> Golden Investors의 전 회장이었던 Cho 씨가 내일 회의에서 기조연설을 할 것입니다.

> The novel contains old English sayings, so **non-English speakers** can hardly understand without explanation.
> 그 소설은 오랜 영어 격언들을 포함하고 있었기 때문에, 비영어권 사람들은 설명이 없다면 모든 것을 이해하는 것이 어렵습니다.

USE 3 접두복합적인 형용사의 형태로 명사를 수식하는 경우 사용할 수 있다.

> Gordon Bookstore hosted Authors Night, inviting a **well-regarded** novelist last week.
> Gordon Bookstore는 매우 저명한 소설가를 초빙하여 Authors Night을 지난 주에 주최했습니다.

※ 보어자리(ex. be동사 뒤)에서 쓸 때는 하이픈을 쓰지 않는다.

> Most participants found the event to **be well organized** thanks to the efforts of many people.
> 대부분의 참가자들은 많은 사람들의 노력 덕분에 이 행사가 잘 준비되었다는 것을 알았습니다.

MEMO

글로벌 비즈니스 어학역량 평가 시험

G-TELP Business Writing Test
공식수험서

Chapter 6
기타 비즈니스 라이팅 샘플

General Tests of English Language Proficiency

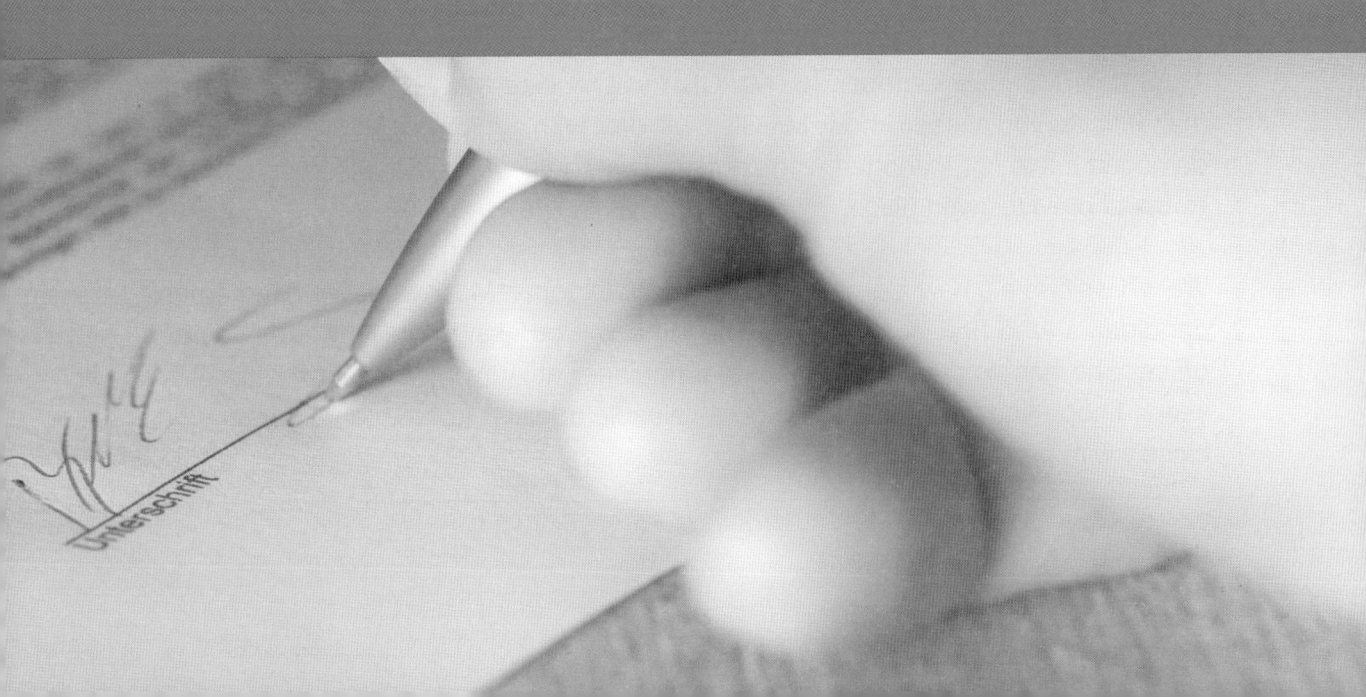

Chapter 6.

기타 비즈니스 라이팅 샘플

편지 형태의 비즈니스 라이팅 뿐만 아니라 공지, 광고, 안내문 등의 기타 다른 라이팅의 예시를 통해 영어 작문에 이해를 넓히도록 하자.

General Tests of English Language Proficiency

6-1 공지 (Notice)

일상 생활에서 가장 많이 접할 수 있는 글 중에 하나가 '공지(notice)' 이다. 일반적으로 회사, 거주지, 공용공간 등에서 볼 수 있다. 공지의 몇 가지 사례를 통해 내용과 구조 등을 배워보도록 하자.

▶ 은퇴행사에 대한 감사와 새로운 직원의 환영부탁 공지

I appreciate your efforts to make last week's retirement party for Ms. Roberts. Because Ms. Roberts has contributed to East Rock Mechanics (ERM) for 25 years, the company wanted to present a last memorable moment to her. She just mentioned that the evening was enjoyable, and the parting gift was so surprising. I would like to thank particularly Mr. Chiu and Ms. Medina for their devotion to the event over almost a month.

As of next Monday, October 13, Mr. Clint will replace Ms. Roberts as operations manager. As you already know, Mr. Clint will deal with equipment which is potentially damaged if it is not managed with caution. Due to this, Mr. Clint will transfer to Ms. Roberts' previous workplace.

We will welcome a new member to ERM on 20 October. Ms. Kwon was hired among candidates who had been interviewed. She will be assigned Mr. Clint's vacated office. She has worked as an industrial engineer at Aura Motors for the past five years. I hope you will assist her to be a valuable addition to the team by interacting closely with her.

해석

저는 Roberts 씨를 위한 지난 주 은퇴파티가 열리도록 해 주신 여러분들의 노력에 감사드립니다. Roberts 씨는 25년 간 East Rock Mechanics (ERM)에 헌신을 해 주셨기 때문에 회사는 그녀에게 마지막 기억에 남을 만한 순간을 제공해 주기를 원했습니다. 그녀는 그 저녁이 즐거웠고 송별선물이 매우 놀라웠다고 언급했습니다. 저는 거의 한 달 동안 행사에 기여해 준 Chiu 씨와 Medina 씨에게 특히 감사드리고 싶습니다.

10월 13일 다음주 월요일부터 Clint 씨는 Roberts 씨를 운영매니저로서 대신할 것입니다. 여러분들이 이미 아시 듯이 Clint 씨는 신중히 관리되지 않으면 잠재적으로 위험한 기기를 다루게 될 것입니다. 이것으로 인해 Clint 씨는 Roberts 씨의 이전 근무지로 이동하게 될 것입니다.

저희는 10월 20일에는 ERM에 새로운 직원을 맞이하게 될 것입니다. Kwon 씨는 면접 된 후보자들 가운데 채용이 되었습니다. 그녀는 Clint의 공석이 된 사무실을 배정받게 될 것입니다. 그녀는 지난 5년간 Aura Motors에서 산업기술자로서 근무를 했습니다. 저는 여러분들께서 그녀와 긴밀히 소통함으로써 팀에 가치 있는 일원이 될 수 있게 도와 주시 길 희망합니다.

Vocabulary

retirement party: 은퇴기념파티
memorable: 기억에 남는
parting gift: 송별선물
devotion to ~: ~에 대한 기여
operation manager: 운영매니저
damaged: 위험한, 피해를 입은
workplace: 근무지
industrial engineer: 산업기술자
closely: 면밀하게, 긴밀하게

contribute to ~: ~에 기여하다
enjoyable: 즐거운
particularly: (강조를 하며) 특히
as of: ~부터
potentially: 잠재적으로
assign: 할당하다, 배정하다
vacated: 빈, 공석인
interact with ~: ~와 소통하다

공공 건설입찰에 대한 발표(공지)

City of Busan
Public Transit Authority

CALL FOR BIDS
Cycle Paths Installation

The Busan Public Transit Department invites qualified contractors to submit bids for installing cycle paths between Sampo-ro and Gyeongsung-ro. The paths extend about five kilometers.

You can download the document template for bids from city hall's website at www.busancity.gov.kr/biddocu or personally collect it at the City Hall building, 1145 Deahan-ro, 2nd floor.

All bidders are required to attach a copy of their business license to their submission. Bidders should place required documents in a sealed envelope addressed to Bid Review Committee. Please write "Cycle Paths Bid" on the envelope and mail it or drop it off at the address mentioned above. Submissions will be accepted until April 25.

해석

부산시
대중교통국

입찰에 대한 신청
자전거도로 설치

부산시 대중교통국은 자격 있는 계약업자들께 삼포로와 경성로 사이에 자전거도로를 설치하는 것을 위한 입찰을 제출하시길 요청 드립니다. 그 도로는 약 5 킬로미터에 이릅니다.

여러분들께서는 www.busancity.gov.kr/biddocu 시청 웹사이트에서 입찰을 위한 서류 견본을 다운로드를 받을 수 있거나, 대한로 1145번지 시청 건물 2층에서 그것을 직접 가져가실 수 있습니다.

모든 입찰자들은 제출시 사업 허가증 사본을 첨부해야 합니다. 입찰자들께서는 입찰심사위원회로 주소가 된 밀봉된 봉투에 요구된 서류들을 넣어 주시기 바랍니다. 봉투 위에는 "Cycling Paths Bid"로 써 주시고 그것을 위에서 언급된 주소로 보내주시거나 직접 가져다 주십시오. 제출은 4월 25일까지 받을 것입니다.

Vocabulary

public transit: 대중교통
cycle path: 자전거도로
qualified: 자격을 갖춘
extend: 연장하다, 거리에 이르다
personally: 개인적으로, 직접
sealed: 밀봉된

bid: 입찰
invite: 요청하다, 초청하다
contractor: 계약업자, 도급업자
template: 견본, 틀
business license: 사업 허가증
drop something off: ~을 전달하다

회사 포탈사이트 개발과 소식지 방문 계획

From: Kyle Rogers, Human Resources Director
To: Burnley branch staff
Subject: New portal and visit

According to last few employee surveys, communication should be enhanced among the company's branches. To this end, Kent Groceries is developing a company portal site for all employees. It will feature the latest industry issues, company events, videos and employee profiles.

The website will cover our branch first. The story will be mainly about our environmentally friendly efforts. We are currently seeking volunteers who will appear on the website, representing our branch. This will be a good chance to introduce us to the other locations. Your name, photograph, and position will be included in the article. Anyone interested should call me at ext. 1031 by this Tuesday.

In addition, pictures of our facilities and staff members will accompany the story. Mr. Andre will come to our location from 2 p.m. to 4 p.m. this Friday. He intends to take photos of the whole staff doing their jobs. Because a group photo is also scheduled to be taken, employees are asked to gather in the lobby by 3 p.m. Thank you for your participation.

> 해석

발신: Kyle Rogers, 인사부장
수신: Burnley 지점 직원
제목: 새로운 포탈 및 방문

지난 몇 번의 직원 조사들에 따르면 의사소통이 회사 지점들 사이에 향상되어야 합니다. 이러한 이유에서 Kent Groceries는 모든 직원들을 위한 회사 포탈을 개발하는 중입니다. 그것은 산업의 최신 이슈들, 회사 행사들, 비디오들 그리고 직원 신상명세들을 특징으로 하게 될 것입니다.

그 웹사이트는 우리 지점을 가장 먼저 다룰 것이다. 그 이야기는 주로 우리의 친환경적 노력들에 대한 것이 될 것입니다. 우리는 우리 지점을 대표하여 웹사이트에 등장할 지원자들을 현재 찾고 있습니다. 이것은 우리를 다른 지점들에 소개하는 좋은 기회가 될 것입니다. 여러분의 이름, 사진, 그리고 직책이 기사에 담길 것입니다. 흥미 있는 누구라도 저에게 내선 1031번으로 이번주 화요일까지 연락주세요.

추가적으로 우리 시설물과 직원들의 사진들이 이야기와 함께 할 것입니다. Mr. Andre 가 이번 주 금요일 오후 2시부터 4시 까지 방문할 것입니다. 그는 일을 하고 있는 전체 직원들의 사진을 찍을 계획입니다. 단체사진 역시 촬영될 예정이기 때문에, 직원들은 오후 3시까지 로비에 모이는 것이 요청됩니다. 여러분들의 참여에 감사드립니다.

Vocabulary

according to: ~에 따르면
to this end: 이러한 이유로
latest: 최신의
environmentally friendly: 친환경적인
ext.(extension의 약자): 내선전화
intend: 의도하다, 계획하다

enhance: 향상시키다
feature: 특징(으로 하다)
cover: 덮다, 다루다, 취재하다
appear: 등장하다, 출현하다
accompany: 동행하다, ~와 함께하다

6-2 광고 (advertisement)

광고는 흔히 상품이나 서비스 등을 고객에게 알리는 목적의 글이다. 하지만 이러한 상업적 목적의 광고 뿐만 아니라 회사 입상에서 구인하는 것도 하나의 광고 종류라고 볼 수 있다. 비지니스 상에서 흔히 볼 수 있는 구인광고를 포함한 광고의 사례를 통해 내용과 구조 등을 배워보도록 하자.

 집수리 관련 상업광고

LAUREN PEARLE'S HOME REPAIR

▶ Utmost care   ▶ Free estimates   ▶ Certified and insured

- Repairing and hanging wallpaper
- Installing and replacing doors or windows
- Repairing and constructing porches and decks
- Removing and laying tiles, wood flooring and carpet
- Installing kitchen sinks and cabinets
- Electrical work and minor plumbing

We will tailor whatever work you need. Contact us at 458-666-0548 today for free estimates. If no one answers your phone call, please leave a message, and then one of our staff members will get back to you by the following business day. You may view any information about our work experience on the website.

> 해석

LAUREN PEARLE'S 집수리

▶ 최선의 관심　▶ 무료 견적서　▶ 허가 및 보험가입

- 벽지 보수 및 도배
- 문이나 창문 설치 및 교체
- 거실, 데크 보수 및 건설
- 타일, 나무바닥, 카페트 제거 및 시공
- 부엌 싱크 및 캐비닛 설치
- 전기작업 및 가벼운 배관작업

저희는 여러분들께서 필요로 하는 어떤 것이라도 맞춰드릴 것입니다. 무료 견적을 위해 오늘 458-666-0548 로 저희에게 연락주세요. 만약 여러분의 전화에 대해 어떤 누구도 전화를 받지 않으신다면 메시지를 남겨 주시고, 그리고 나면 저희 직원 중 한 명이 다음 영업일까지 여러분께 전화를 돌려드릴 것입니다. 여러분은 웹사이트에서 저희 작업 경험에 대한 어떠한 정보라도 보실 수 있습니다.

Vocabulary

utmost: 최고의, 극도의
estimate: 견적서(내다)
certified: 자격 있는
insured: 보험가입이 된
hang wallpaper: 벽지를 바르다
lay tiles: 타일을 깔다
minor: 사소한, 작은
plumbing: 배관작업
tailor: 맞추다
following: 다음의, 후속의
business day: 영업일
view: 보다

제과 요리사를 위한 구인광고

Full-time Pastry Chef Wanted

Rolland's Italian is considered among the most highly distinguished restaurants serving Hong Kong. Since 1987, we have offered a wide range of authentic Italian food, including our gorgeous desserts. We at Rolland's Italian are seeking a pastry chef to prepare desserts, especially a variety of cakes under supervision of the sous chef.

The successful candidate must possess at least two years of relevant work experience or a three-year apprenticeship in a fine dining restaurant. He or she will be required to demonstrate the ability to prepare honey mousse cake as well as a normal fruit tart.

To apply, please email your resume to rollanditalian@gkmail.com.

> **해석**
>
> 정직원 제과요리사 구함
>
> Rolland's Italian은 Hong Kong에 서비스를 제공해 온 가장 유명한 레스토랑들 중 하나로 여겨집니다. 1987년부터 저희는 멋진 디저트를 포함하여 다양한 종류의 정통 이탈리아 음식을 제공해 왔습니다. 저희 Rolland's Italian 은 부 주방장의 감독 하에 디저트들 중에서도 특히나 다양한 케익을 준비할 제과요리사를 찾고 있는 중입니다.
>
> 합격가능 후보자는 2년의 관련 직업경력이나 고급레스토랑에서 3년의 견습기간을 가져야 합니다. 그 혹은 그녀는 꿀 무스 케이크 뿐만 아니라 일반적인 과일 타트도 준비할 수 있는 능력을 보여줘야 할 것입니다.
>
> 지원하기 위해서 이력서를 이 이메일 rollantitalian@gkmail.com로 보내주십시오.

Vocabulary

pastry chef: 제과요리사
highly distinguished: 매우 유명한
gorgeous: 아주 멋진, 아름다운
under supervision of ~: ~의 감독 하에
sous chef: 부 주방장
possess: 소유하다, 가지다
relevant: 관련된
apprenticeship: 수습기간, 도제기간

채용관련 신문에 대한 광고

Job Finder: Helping you!

Are you seeking an effective way to discover talented employees for your business? Job Finder, a local recruitment-related newspaper, can help you find them. From various job postings and job fair notices to professional advice on resume writing, we have everything job seekers need, and everything that employers are looking for.

Rather than paying too much for job postings in normal newspapers, it is even more beneficial for business owners to use Job Finder. Job Finder costs only $20 for each posting through a whole month.

You can become a member and upload relevant information at our website, www.jobfinder.com/posting. You can also see diverse samples of job posting. If you would like an expert to write your advertisement, please call us at 458-232-1891. You may utilize this writing service for an extra charge.

해석

Job Finder: 여러분들을 돕습니다!

여러분께서는 비즈니스에 적합한 유능한 직원을 찾는 효과적인 방법을 찾고 있습니까? 지역 채용관련 신문인 Job Finder는 여러분들께서 그런 직원들을 찾는 것을 도울 수 있습니다. 다양한 채용공고와 취업박람회공지부터 이력서작성에 대한 전문적인 조언까지, 저희는 구직자들이 필요로 하는 모든 것과 고용주들이 찾고 있는 모든 것을 가지고 있다.

일반적인 신문에 구인광고를 하는데 너무 많은 돈을 지불하는 것보다는, 업주들은 Job Finder를 이용하는 것이 훨씬 유리합니다. Job Finder는 한 달 내내 게시물 하나에 $20만을 부과합니다.

여러분은 회원이 되어 관련 정보를 저희 웹사이트 www.jobfinder.com/posting에 업로드 할 수 있습니다. 또한 그곳에서 다양한 좋은 구인광고 게시물 샘플들을 볼 수 있다. 만약 전문가가 광고를 작성해 주길 원하신다면, 저희에게 458-232-1891로 연락 주십시오. 여러분은 이 작문 서비스를 추가 요금으로 이용할 수 있다.

Vocabulary

effective: 효과적인
discover: 발견하다, 찾다
recruitment-related: 채용과 관련된
professional: 전문적인, 전문인
beneficial: 이점이 있는
job posting: 구인광고
utilize: 활용하다, 이용하다

6-3 안내, 정보문 (Information)

안내, 정보문은 여러 상황에서 정보를 전달하는 목적의 글이다. 쉽게 생각하면 공지와 비슷하다고 느껴질 수 있다. 예를 들어 공원에서 알아야 할 내용이나 지켜야 할 수칙을 적은 것을 안내, 정보문(information)이라고 할 수 있다. 안내문의 몇 가지 사례를 통해 내용과 구조 등을 배워보도록 하자.

 금주의 제품에 대한 정보

Product of the week
Howard's Peppermint Shampoo

Brampton resident Ji-sun Lee makes Howard's Peppermint Shampoo by hand herself. Due to its high popularity, Ms. Lee has signed a contract with Orange Market, and now sells the product through all city locations. Since December, it has been available to Orange Market customers and remains the most sought-after item. If stored properly in a cool place without direct sunlight, the herb shampoo can be used for up to a year. On sale for $8.99 for a 550 ml bottle, it boasts many functions for users.

- cleans skin and hair perfectly
- soothes and comforts the scalp
- leaves hair beautiful and soft
- protects the scalp from dandruff
- contains 100% organic peppermint oil

To receive 10% off your purchase of the item, simply use discount code TR0091 at Orange Market on Preston Road in Brampton.

> **해석**

금주의 제품
Howard's 페퍼민트 샴푸

Brampton 거주민 Ji-sun Lee 씨는 Howard's 페퍼민트 샴푸를 손으로 직접 만듭니다. 그것의 높은 인기로 인해 Lee 씨는 Orange Market 과 계약을 체결했고, 지금은 도시 전역에서 제품을 판매합니다. 12월 이후, Orange Market 고객들에게 이용 가능했고 가장 인기있는 상품이 되었습니다. 직사광선이 없는 서늘한 곳에서 적절하게 보관된다면, 이 허브샴푸는 최장 1년까지 이용할 수 있습니다. 550ml 한 병을 $8.99에 판매하고 있는데, 사용자들을 위한 많은 기능을 자랑합니다.

- 완벽하게 두피와 머리카락을 세정합니다.
- 두피를 진정시키고 편안하게 합니다.
- 머리 결을 아름답고 부드럽게 합니다.
- 두피를 비듬으로부터 보호합니다.
- 유기농 페퍼민트 오일을 포함하고 있습니다.

이 제품의 구매에서 10%할인을 받으시려면, Brampton의 Preston Road에 있는 Orange Market에서 할인코드 TR0091을 사용하세요.

Vocabulary

by hand: 손으로
popularity: 인기
sought-after: 선호하는, 인기있는
direct sunlight: 직사광선
up to: 최대, 최장
boast: 자랑하다, 자랑할 만한 ~를 가지고 있다
scalp (skin): 두피
soothe: 진정시키다
dandruff: 비듬
organic: 유기농의

사업고객을 위한 휴대전화 요금제 안내

Listed below are a range of mobile phone plans for GEN Telecom business customers. Additional data and voice minutes will be offered to both prepaid and monthly payment plan users. Those who opt for unlimited data usage and unlimited domestic minutes will be provided with 200 free international minutes.

Plan Details

Plan	Voice Plan Options		Data Plan Options	Monthly Basic Charges
	Domestic	International		
Speedo	Unlimited minutes	200 minutes	Unlimited	80 USD
World Plus	Unlimited minutes	100 minutes	6 GB	50 USD
Signal A	300 min	0 min	11 GB	25 USD
Blue Sky(prepaid)	0 min	0 min	0 GB	0 USD

Overage Charges (based on usage above the plan minimum)

Additional International Minutes	Additional Data	Additional Domestic Minutes
0.20USD/min	5.00USD/GB	0.05USD/min

> 해석

GEN Telecom 사업고객들을 위한 다양한 휴대전화 요금제가 하단 표에 정리되어 있습니다. 선불요금제나 월요금제 사용자들 모두에게 추가적인 데이터와 음성전화시간을 제공해 드릴 것입니다. 무제한 데이터사용제와 무제한 국내요금제를 선택한 고객들은 무료 200분의 국제음성전화시간이 제공될 것입니다.

요금제 세부사항

요금제	음성전화요금		데이터 요금	월 기본료
	국내	국제		
Speedo	무제한	200 분	무제한	80USD
World Plus	무제한	100분	6GB	50USD
Signal A	300분	0분	11GB	25USD
Blue Sky(선불요금제)	0분	0분	0GB	0USD

초과 요금 (상기 요금제의 기본을 초과한 것을 기초로)

추가적인 국제음성요금	추가적인 데이터	추가적인 국내음성요금
0.20USD/min	5.00USD/GB	0.05USD/minn

Vocabulary

listed below: 하단에 정리된
a range of ~: 다양한
mobile phone plan: 휴대전화 요금제
prepaid: 선불된
unlimited: 무제한의
domestic: 국내의
basic charge: 기본 요금
overage: 초과의, 제한연령이 넘은
usage: 사용(법/량)

공공기관 인턴근무와 관련한 정보제공

National Forest Agency (NFA)
Internship Program

NFA seeks interns on a regular basis. At this time, NFA's public relations, maintenance, and engineering departments are recruiting interns.

The successful candidate must:
- be in their final year of university study;
- fill out an application form;
- submit a resume;
- submit a letter of reference from one of their university professors;

Interns will support NFA professionals for diverse ongoing projects. Interns are expected to interactively collaborate with department co-workers, work independently and most importantly meet deadlines.

Anyone wishing to apply can download applications from www.nfa.org/apply. Mail all required materials to Ms. Brittany Fehily, employment supervisor, NFA 432 Milton St., Crawford, Alabama.

Note: The hiring process may take up to three months as all applications are thoroughly reviewed by a selection committee. Applications are kept in the NFA database for one year from the date you apply.

> 해석

국립 산림청
인턴근무 프로그램

NFA는 정기적으로 인턴을 찾습니다. 현재 NFA의 홍보, 시설관리 그리고 기술부서에서 인턴을 채용하고 있습니다.

합격가능 후보자들은:

- 대학 공부의 마지막 학년이어야 합니다.
- 지원서를 작성해야 합니다.
- 이력서를 제출해야 합니다.
- 대학교수 중 한 명에게 추천장을 제출해야 합니다.

인턴들은 다양한 진행중인 프로젝트들에 대해 NFA 전문가들을 지원을 할 것입니다. 인턴들은 상호 소통하며 부서 동료들과 협력하고, 독립적으로 일하며, 가장 중요하게는 마감시한을 맞추는 것이 요구됩니다.

지원하기를 희망하는 어떤 누구라도 www.nfa.org/apply 에서 지원서를 다운받을 수 있습니다. NFA 432 Milton St., Crawford, Alabama로 채용관리자인 Ms. Brittany Fehily 에게 모든 요구된 자료들을 우편으로 보내주십시오.

참고: 채용과정은 모든 지원서들이 선발위원회에 의해 철저하게 검토되어야 하기 때문에, 최장 3개월이 걸릴 수 있습니다. 지원서들은 여러분이 지원한 날로부터 1년동안 NFA 데이터베이스에 보관됩니다.

Vocabulary

on a regular basis: 정기적으로
public relations: 홍보, 선전
fill out: 채우다, 작성하다
diverse: 다양한
interactively: 상호 소통하여
thoroughly: 철저하게, 완전히

at this time: 이번에, 현재는
maintenance: 유지, 보수
a letter of reference: 추천장
ongoing: 진행중인
independently: 독립적으로

글로벌 비즈니스 어학역량 평가 시험

G-TELP Business Writing Test
공식수험서

실전 모의고사

General Tests of English Language Proficiency

실전모의고사

DIRECTIONS

The G-TELP Business Writing Test is a test of your writing ability. There are five (5) different parts to the test. You will have 60 minutes to complete the test.

The G-TELP Business Writing Test consists of the following parts:

Part 1. Making a Service Inquiry
Part 2. Sending a Quotation / Letter
Part 3. Replying to a Complaint / Inquiry
Part 4. Sending a Statement of Account
Part 5. Suggesting a Course of Action

Read the directions first, and then write your answer.

You will be given a specific amount of time to complete each part of the test. Once that time runs out, the test will automatically proceed to the next part, so make sure that you complete your responses within the time period given.

You will not be allowed to review your answers after completing each part of the test.

PART 1. Making a Service Inquiry

Directions: Suppose that the contract on the lease for your office will expire next month. Your boss wants to move to a smaller, less expensive office to cut down on costs. As his liaison officer, he has instructed you to look for such a place. You searched online and found an ad for an office space that fits the requirements. Your task is to write an email to Kevin Watson, the building administrator, to inquire about the space. Your letter must contain at least 80 words. You will have six (6) minutes to complete this part.

In your letter, you must:

- introduce your company and explain why you are writing the letter
- ask about the features of the office space and its leasing terms
- request a copy of the leasing terms of the office space

PART 2. Sending a Quotation / Letter

Directions: Write a quotation of at least 100 words based on the following situation. Make sure to include all the information provided in the situation and to create an appropriate subject, greeting, and closing. Remember to include additional details based on the situation provided. You will have twelve (12) minutes to complete this part.

Imagine you are a customer service representative of JPT Telecom, an Internet service provider. Candice Smith, an interested customer, has emailed you to inquire about the new Internet plans that the company has just introduced. The plans are listed in detail below:

Plan 30	Plan 50
Initial payment for modem and connection: $60	Free modem and connection
Monthly payment thereafter: $30	Monthly payment thereafter: $50
Incentive: additional two (2) hours of free Internet every month	Incentive: additional four (4) hours of free Internet every month
Freebie: a basic cell phone of your choice	Freebie: a midrange tablet of your choice

In your email, you must:

- inform her of the available Internet plans
- give her the details of each plan
- explain the advantages and disadvantages of each plan

PART 3. Replying to a Complaint / Inquiry

Directions: Write a formal letter of at least 100 words based on the following situation. Make sure to include all the information provided by the situation and to create an appropriate subject, greeting, and closing. Remember to include additional details based on the situation provided. You will have twelve (12) minutes to read the situation and to type the letter.

Suppose you are the manager of a five-star hotel. One day, you received a letter from Mr. Kennedy, a former guest who stayed at the hotel for one week while on a business trip. He complained about his disappointment with the cleanliness of his room during his stay. He pointed out that the room was rarely vacuumed or dusted, and his bed was often unmade when he returned at night. You recall that the hotel was severely understaffed during that time. You are now going to write him a letter of apology.

In your letter, you must:

- introduce yourself and express your apologies to Mr. Kennedy
- politely explain the reasons for the lapses in the hotel service
- offer a complimentary gesture to make up for Mr. Kennedy's disappointing experience

PART4. Sending a Statement of Account

Directions: Imagine you are the owner of an office supply company. You had delivered several items of office equipment to Columbia Community Bank. After receiving the order, Cherry Wilson, the bank manager, promised to pay the remaining balance in two days. However, five days have passed and no payment has been made. You will now write Miss Wilson a letter regarding the remaining balance. Base your letter on the information below. Make sure to include all the necessary information in the letter and create an appropriate subject, greeting, and closing.

Write a statement of account of at least 120 words. You will have fourteen (14) minutes to complete this part.

	STATEMENT OF ACCOUNT			
Invoice Date	**Customer Name:** Columbia Community Bank c/o Cherry Column			
09-12-2019	Item Number	Description	Unit Cost	Total Cost
	8	Computer Tables	$125.00	$1,000.00
Invoice No.	8	Computer Chairs	$95.00	$760.00
12-568945-A	3	Filling Cabinets	$195.00	$585.00
	1	Office Safe	$450.00	$450.00
			Total Amount	$2,795.00
			Initial Payment	$1,000.00
			Total Amount Due	**$1,795.00**

PART 5. Suggesting a Course of Action

Directions: Study the graph below. You must create a report of at least 140 words based on the information provided by the graph. In your report, you must recommend a course of action to take, and you must support your recommendation with the appropriate pieces of information from the graph. You will have sixteen (16) minutes to complete this part.

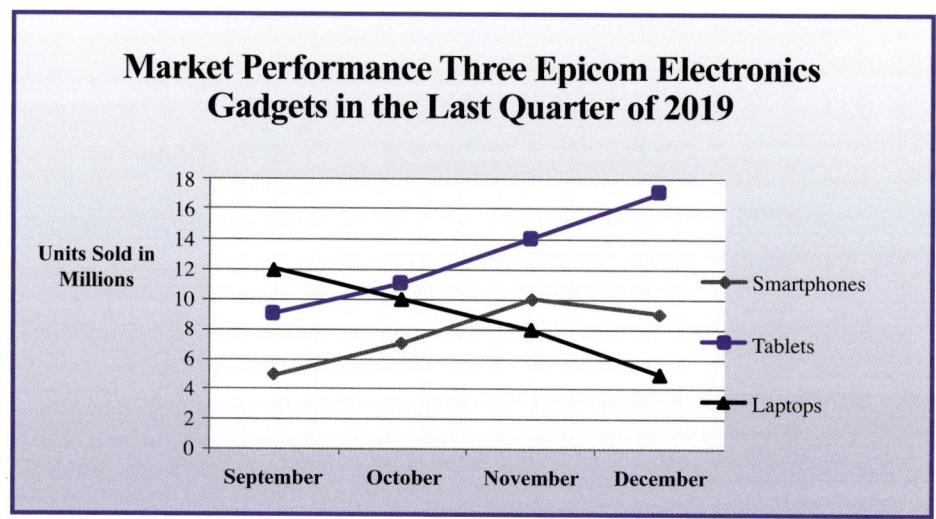

Sample Answers
General Tests of English Language Proficiency

PART 1

To: Kevin Watson
      Building Administrator

Dear Mr. Watson,

Good day! My name is Harold Johnson, and I am a liaison officer for Greensward Paper Company. We are a sales company for paper products and are looking for a new office space. Our lease for our current office space will expire in the following month, so we are looking to move in the next 30 days if possible.

Given the details you provided in your post, a one-floor office, space such as the one you advertised, is enough for what we need. We would like to know more details about the space and to schedule a viewing this week if possible. This way, we can personally assess the space to see if it fits our needs.

We would also like to receive an official copy of the space's leasing terms. Please let us know in advance how much the estimated rental cost would be and if additional requirements should be prepared. Moreover, we might ask for possible renovations once we have inspected the office space and I hope we can discuss its projected costs in the leasing agreement.

We hope to hear from you as soon as possible.

Sincerely,

Harold Johnsons

PART 2

To: candice_smith@firstmail.com
Subject: Details of Internet Plans

Dear Ms. Smith,

Thank you for your interest in our service! As of now, we have two new available Internet plans: Plan 30 and Plan 50.

Plan 30 requires an initial payment of $60 for the modem and installation as well as a monthly fee of $30. With this internet plan, you will also receive an additional two hours of free Internet every month and you will have the option to choose a free basic phone of your choice. On the other hand, Plan 50 does not have a modem and installation charge but has a monthly fee of $50. With this plan, you will also receive an additional four hours of free Internet every month and you will have the option of a free midrange tablet of your choice.

Plan 30 costs less overall but its incentive and freebie are not worth as much compared to Plan 50. Plan 50, however, is more expensive but its incentive and freebie are more luxurious compared to Plan 30.

If you have further questions, you can contact us via phone at 202-555-0136 or e-mail us at csrinternet@jpt.com.

Kind regards,

JPT Telecom

PART 3

To: Gerard Kennedy From: Harold Johnson Subject: Re: Your experience at the Elysium Gardens Hotel
Dear Mr. Kennedy, Hello! My name is Harold Johnson, and I am the hotel manager of the Elysium Gardens Hotel. We have received your complaint and sincerely apologize for your disappointing experience. As the manager, I take full responsibility for the lack of service during your stay, and I sincerely apologize for your bad experience with us. Unfortunately, during your stay with us, the hotel was struggling with housekeeping schedules because we were sorely understaffed. At that time, we only had two housekeepers for each floor. They had been instructed to clean each room as quickly as possible, which might have been the cause for them to skip some steps in our standard cleaning procedures. Rest assured that we have fixed this housekeeping problem and are confident to inform you that our services are back to providing its usual five-star experience. To make up for your disappointing experience, the management would like to offer you a full refund for the three and a half days of your stay. Again, we sincerely apologize for your hotel experience, and I hope that you will continue to stay at the Elysium Gardens Hotel in the future. Sincerely, Harold Johnson

PART 4

To: Ms. Cherry Wilson

Dear Ms. Wilson,

This letter is in regard to the office supplies you received from our company. It has come to our attention that five days have passed since the office supplies you requested were delivered to Columbia Community Bank, yet the remaining balance of $1,795.00 has still not been paid. Since the delivery of the office supplies, we also have not been notified on what may be causing the delay of this payment.

Since the agreed payment due date has already exceeded two days, we would like to inform you that you may incur a late fee with your remaining balance. A penalty of 15% of the initial cost will be charged if the payment is not made in the next 48 hours. The additional penalty cost for your invoice would be $269.25. Hence, the remaining balance would be $2,064.25 in total if the payment is still not made within the indicated time period.

We hope that as one of our loyal clients, you can understand these conditions and take the proper steps to avoid the late fee. We look forward to hearing from you soon.

Respectfully,

Harold Johnson

PART 5

To: EPICOM ELECTRONICS CO. From: Harold Johnson Re: Epicom Electronics Gadgets Market Performance
Dear CEO, The last quarter of 2019 saw a steady decrease in sales of laptops while showing a steady increase in sales of smartphones until mid-November where they experienced an abrupt decrease. On the other hand, tablets saw a steady increase in sales for the whole quarter and began to surpass the sale of laptops around October. In terms of sales, the rise of tablets in the electronics market in relation to the subsequent fall of laptops and smartphones implies the tablet's capability to conveniently perform the functions of both a smartphone and a laptop. It seems that many people are buying tablets because they are more affordable than laptops and can offer more features than smartphones. From this data, it is apparent that consumer behavior leans more toward the affordable side of the spectrum. The November lead of smartphone sales over laptop sales shows that customers are finding laptops less attractive, which is why most opt for the all-around usefulness of tablets instead. Perhaps it is better for the marketing team to focus on increasing laptop sales for the upcoming year since it seems like the trajectory of tablet sales are based on consumer behavior rather than marketing strategies. Therefore, it would be reasonable to expand the team behind laptop marketing so that it can play out on par with smartphones and tablets. Yours truly, Harold Johnson

MEMO

글로벌 비즈니스 어학역량 평가 시험

G-TELP
Business Writing Test
공식 수험서